zahlreichen Konfirmanden

Der lieben Lola
von
Heinrich,
(Heinrich Barrien)
19. I. 92

Altes Gymnasium

HEINRICH SCHMIDT-BARRIEN

Aus meinen Jungensjahren

in

Uthlede, Hamelwörden und Barrien

1902–1917

Westholsteinische Verlagsanstalt
Boyens & Co., Heide

Gedruckt mit Unterstützung des Landschaftsverbandes der ehemaligen Herzogtümer Bremen und Verden, der Seestadt Bremerhaven, des Landkreises Cuxhaven und des Landkreises Stade

ISBN 3-8042-0572-0

Herstellung: Westholsteinische Verlagsdruckerei Boyens & Co., Heide
Printed in Germany

Für Konni

Märchenhaftes Präludium

Wenn ich sage, ich hätte mein eigenes Haupt haar- und hautlos in der Hand gehabt, so klingt das fast lügenhaft. Und war doch so, wenn auch nur auf dem Kirchhof und im Traum.

Es kollerte mir vor die Füße, das Haupt, und mir ging sozusagen ein Licht auf, als ich es zu sehen kriegte, es in die Hände nehmen und ins Mondlicht drehen konnte. Zuerst fiel mir natürlich die Kopfform auf. Hab ich doch zeitlebens darunter zu leiden gehabt. Sie war spitz, und daran war niemand anders schuld als mein Bruder. Ich war als Zwilling auf die Welt gekommen, im Mutterleib war es eng, und so kam ich mit einer andersartigen Schädelform, aber ganz leicht auf die Welt. Meine Mutter hat oft gesagt, auf die Art hätte sie gern alle Geschwister von mir gekriegt.

Die anderen Kinder aber lachten mich oft aus, als ich dann im Heranwachsen war. Die hatten ja alle einen besseren „Dötz“ oder sogar einen „nordischen“ Langschädel und hörten nicht auf, mich mit meinem ‚Eierkopp‘ zu narren. Ja, ich hatte Last genug davon, keine Mütze wollte so recht passen, und wollte meine Mutter mich feinmachen und sommertags einen Strohhut darauf setzen, so hatte der keinen Halt und drehte sich mit dem Wind.

Das Schlimmste war, in den Kopf wollte so recht

nichts 'rein. Mußte sich wohl alles im Innern erst zurechtschieben, und oft genug hab ich damals was an die Ohren gekriegt. Mein Vater meinte öfters bemerken zu müssen, von dem seinen Namen tragenden Menschenkind mit solch einem mehr oder weniger deformierten Kopfgebilde sei trotz aller Bittgebete offenbar nichts zu erhoffen. War dem so?

Uthlede

„Das Dorf geschmückt, als käm' der König an", – so hieß es, als meine Eltern, jung wie sie waren, im Pastorenhaus zu Uthlede, Kreis Geestemünde, ihren Einzug nahmen, von der Bahnstation Stubben im grün verzierten Kutschwagen abgeholt. Sie kamen aus dem Lande Wursten, wo in Cappel die Trauung, in Cappelstrich die Hochzeit gewesen war. Nach etlichen Jahren, im Januar 1902 flüsterten sich die Leute in der Gemeinde augenzwinkernd zu: ‚Fünf Jahr verheiratet

Uthlede, Dorfteich und Blick auf die Kirche, um 1905

und sechs Kinder!'. Nun, in der Nacht zum 19. Januar 1902 waren ihnen im Abstand von zweieinhalb Stunden Zwillinge geboren worden, Sonntagskinder, wie es voller Freude hieß, wozu man aber doch erwähnen darf, daß mit dem Erscheinen dieser Kinder, zweier Knaben, für den Vater gleichsam Geschehnisse dramatischen, zumindest unerwünschten Inhalts begannen. Als die Glocken am 19. 1. zum Gottesdienst läuteten, war er z. B. nicht imstande zu predigen, geschweige denn als pastor loci in der Kirche seines Amtes zu walten. Er mußte sich nach den strapaziösen Nachtstunden vertreten lassen.

Es wird erzählt, daß die Eltern alsdann eine Art Arbeitsteilung in der Überwachung und Pflege der beiden Knaben beschlossen hatten, so auch, daß der Vater nach einiger Zeit gesagt haben soll: „Meinen Part laß ich schreien", was sich wohl auf die Nachtstunden bezog. Nun, dieser Part, offenbar nicht ganz so pflegebedürftig und nicht ganz so wenig wie der andere, war meine Person, der Erstgeborene oder, wie es im Volksmund hieß, der Wegbereiter. Nicht ausgeschlossen, daß sich in dieser kurzen Äußerung bereits etwas von dem Spannungsverhältnis andeutet, das sich zwischen dem Vater und diesem Sohn hernach entwickeln sollte. Was aber die Jahre in Uthlede betrifft, so steht dem Sohn – als Erzählgut – nur das zur Verfügung, was die Mutter oder die hilfsbereit herbeigeeilte Schwester dieser Mutter zu berichten hatte, die immer geliebte Tante Olga. Was die Zwillinge betraf, so hatten sie schon an ihrem dritten Geburtstag den Ort ihrer Geburt wieder zu verlassen, weil der Vater, der Herr Pastor H. A. Schmidt, nach Hamelwörden versetzt worden war.

Die immer geliebte Tante Olga

Im Kirchenbuch zu Uthlede findet sich die, den Erstgeborenen betreffende, Eintragung mit dem Namen ‚Heinrich Adolf Schmidt'. Der Vater hatte also diesem Sohn genau seinen Namen gegeben, vermutlich in der Hoffnung, daß dieser nicht nur ein würdiger Nachfolger seiner selbst in persona sein, sondern auch beruflich ganz und gar auf seinen Wegen wandeln würde – ein Wunschbild freilich, das sich wie angedeutet, hin und wieder verdunkeln sollte. Noch aber lag der Knabe, der mit Lebenskräften offenbar besser ausgestattete Heinrich, bald Heinz genannt, in einem Wäschekorb, denn der sorgfältig vorbereitete Kinderwagen mußte für den von Geburt an magerer wirkenden Bruder Otto-Friedrich, später Otfried genannt, vorbehalten bleiben. Der Wäschekorb also war meine erste Heimstatt.

Das Pfarrhaus, mit amerikanischer Hilfe eben neu erbaut, war, von der Mutter her gesehen, beklagenswert feucht, war aber aus der Sicht der heranwachsenden beiden Kleinkinder höchst wunderbar, weil wunderbar groß. Im Stil des niedersächsischen Bauernhauses war es gebaut worden, hatte also die übliche große Diele mit dem belebten Kuhstall unter den Hillen, mit großem Boden sowie Heubodenluke darüber und ferner Schweinestall, Hühnerstall, usw., alles mit lebendem Bestand – eine Welt für sich, eine abenteuerliche dazu, die sich allein schon mit dem Heu auf dem Boden zu erobern lohnte. Und schien doch nicht groß genug zu sein! So wird erzählt, daß die „Jungs", wie die Zwillinge bald genannt wurden, immer wieder ‚ausgebüxt' seien. Die Hengststation, im Nachbarhaus mit Onkel Gelbermann, dem Vorsteher darin, lockte

Uthlede, Dorfteich mit Kirche und Hengststation, um 1905

sie Tag für Tag an, und es war weniger der Anblick der Hengste und auch nicht deren Betätigung, was sie anlockte, sondern vielmehr das Frühstück der Hengstwärter. Für diese muß es ein Vergnügen besonderer Art gewesen sein, die beiden „lüttjen Jungs“ aus dem Pastorenhaus mit Mettwurst- oder Rauchspeckscheiben zu füttern, mit dem Knief vor ihren Augen abgesäbelt, – von begierigen Lippen zwischen die Zähne gezogen.

Die Mutter kam dahinter, daß ihre Kleinen sich anscheinend besondere Ausflüge erlaubten, mußte sie doch immer wieder feststellen, daß es ihnen zum Frühstück oder gar zum Mittagessen an Appetit mangelte. Sie ordnete an, daß alle Türen hinfort zuzuschließen seien, nicht zu vergessen die große Tür unten an der

Viehdiele. Allein, sie hatte nicht mit der Findigkeit ihrer lüttjen Bengels gerechnet. Diese wußten einen Weg aus dem Haus heraus und zur Hengststation hin bald zu finden, hatten doch die Frauensleute vergessen, das Hühnerloch zuzuschotten, einen Ausschlupf in die Freiheit hinaus, welcher Kopf, Schultern und Hüften der jungen Welteroberer gerade noch durchließ. Was der Vater dazu sagte, erfuhr man nicht. Der lebte eigentlich seinen Tag weitab und außerhalb ihrer sehr weltlichen Welt, die gewissermaßen aber ja von der Weiblichkeit regiert wurde. Zweifellos indessen, daß die Jungs, noch keine drei Jahre alt, bei den Hengstwärtern ihre ersten Begegnungen mit dem Platt der Ortschaft Uthlede hatten, wenn sich das auch nur in wenigen Vokabeln oder einzelnen im Bereich der Hengste aufgeschnappten Flüchen kundtat, wie „Schiet dat“ oder „verdammte Satan!“ Ein Ausspruch ist im Gedächtnis der uns Betreuenden hängengeblieben. Auf dem Küchentisch eng aneinandergesetzt und mit *einem* Küchenhandtuch als gemeinsamem Schlabberlätzchen umhängt, wurden wir zu Mittag abgefüttert – ein Anblick für die Götter, pflegten die Nachbarinnen zu sagen. Sie högten sich auch, wenn ich, der ich mit dem ‚K-n' sprachlich meine Schwierigkeiten hatte, beim Genuß von Mandelpuddig die größeren Stücke ausspuckend, im halben Platt gesagt haben soll: „Hech, pui, Snochen!“

Eine damals gern kolportierte, von der erwähnten Tante Olga oft zum Besten gegebene Anekdote aus dem kirchlichen Bereich mag dem Knaben dort vielleicht auch schon begegnet sein, wenn auch schnell vergessen. Sollen doch einmal zwei Bauern aus der

Schmiedemeister-Nachbar in Uthlede

Kirchengemeinde sehr niedergeschlagen ins Pastorenhaus gekommen sein wegen Tod und Beerdigung eines ihrer Kleinen. Nicht aber der Tod der Säuglinge habe sie so niedergeschlagen gemacht, sondern vielmehr, „beste Herr Pastoor!“, daß sie jetzt zur Heuezeit einen ganzen Tag gewissermaßen verschenken und vergeuden müßten. Eine Sünde geradezu! Sie fragten sehr demütig bei dem Herrn Pastoren an (nicht etwa bei dem jetzigen, sondern bei einem alten Vorvorgänger), ob es sich mit den Beerdigungsfeierlichkeiten und allem Drum und Dran nicht auch kürzer als üblich abmachen lasse, so kurz wie möglich, da doch jetzt Heuezeit und das vom Herrgott gnädigst geschenkte Wetter so günstig. Es wird erzählt, daß der Pastor auf die Bitte eingegangen sei, und zwar mit den plattdeutsch gemeinten Worten (anstelle einer Leichenrede) „Oh Tone, oh Tone, dien lüttje Söhn steiht nu vör Gottes Throne. Brümmerloh, dien Kind geiht't ebenso. Amen! – So, un nu maakt jo man int Hau!“

Doch gehört dies nicht zu dem in Erinnerung Gebliebenen, sondern zum Erzählgut der Tante Olga. Anderes und gleichsam Kirchlicheres wußte diese und wußte auch unsere gute Mutter zu berichten. Es muß Sommer gewesen sein und Missionsfest, und nicht weit von der Kirche ist draußen unter den hohen Bäumen eine Art Kanzel aufgebaut worden, mit Laub geschmückt, wie beim Missionsfest üblich. Natürlich sind auswärtige Festredner da, und so wird berichtet, daß sich einer der Herren im Talar auf seiner Kanzel plötzlich gestört fühlt. Eines der Pastorenkinder, dem der Mann da oben in seinem schwarzen Zeug eben nicht fremd vorkommt, ist die kleine Treppe hinaufgestiegen, um die Beine des ehrwürdigen Wortverkünders vertrauensvoll zu umklammern und zu bitten, daß er auf den Arm genommen werde. Wie konnte der

Knabe auch wissen, daß in der vertrauten schwarzen Tracht ein fremder „Onkel“ steckte! Es wird berichtet, daß mein Vater hinzugesprungen sei und den Kleinen, also mich, auf seinen Arm genommen habe. Es wird auch berichtet, daß ich, von allen ungewohnten Ereignissen müde geworden, auf seinen Armen eingeschlafen sei.

Wir Zwillinge müssen damals als etwas Besonderes wohl gerne vorgezeigt worden sein. Wir wurden von der Mutter, wie gesagt wird, auch mit immer neuem, natürlich selbst genähtem Zeug bedacht, wobei es an der unausbleiblichen Mahnung niemals fehlte, daß die Ärmel wohl nicht blank werden durften! Wir wollten doch wohl nicht „Jan Blank“ gerufen werden! Da wir in unseren ersten Kleidern und allerersten Höschen keine Taschen und also auch keine Schnupftücher hatten, wohl aber einen immer blühenden Kinderschnupfen mit laufender Nase, blieb es nicht aus, daß unsere unteren Ärmelenden schnell ‚blank‘ wurden. Von gewissen Ausflügen mit uns, natürlich mit Pferd und Wagen zu benachbarten Pastorenfamilien, also auch ins Marschland hinein und etwa an die Weser und an den Deich, zum Beispiel erstmal nach Bruch, dann nach Sandstedt und Wersabe, weiß man sogar zu erzählen. Im Pfarrhaus zu Wersabe muß man damals einen großen Hund mit Namen Mohr gehabt haben, mit welchem wir im Wohnzimmer offenbar eine Zeitlang allein gelassen worden waren. Der Pastor hieß Parisius. Seine Frau war unsere Patentante. Bei der Verabschiedung nun habe man uns, die Zwillinge, auf dem Tisch sitzend vorgefunden, halb weinend, doch immer wieder laut plappernd: „Fisius’ Moor tut gar

Die Zwillinge Otto-Friedrich und Heinrich-Adolf (rechts), gerufen Otfried und Heinz, im vierten Lebensjahr

nichs! Fisius' Moor tut gar nichs!" Auch zu Haus und im Bett – natürlich schliefen wir in *einem* Bett – sollen wir dies noch auf den Lippen gehabt haben.

Daß die mit den Jahren fast groß zu nennende Familie immer wieder Besuch kriegte, war uns natürlich durchaus willkommen. Von den Nachbarn zwar, von Mutter Offermann, von Frau Wolters oder Reiners gab es nicht gerade Geschenke, doch steckten sie uns gern Kleinigkeiten an Obst zu. Wenn aber mit dem Kutschwagen von Stubben abgeholte Verwandte, aus Scharmbeck, Öse, Bremerhaven oder Bremervörde kamen, so hatten diese auf die Frage: „Auch was mittebracht?“ tatsächlich immer ‚was‘ mit, überdies gab es festlicheres Essen, wovon auch wir, herumlungernd, unseren Teil abbekamen. Für die Uthleder muß es damals (kurz nach 1900) ein besonderer Anblick gewesen sein, wenn die Großmutter ihres Herrn Pastoren in ihrer bäuerlichen Tracht mit durch den Garten ging, die Urenkel an der Hand, oder in der Kirche erschien, stammte sie doch aus Elm bei Bremervörde, wo der Reichtum der Tracht noch verpflichtend war, ebenso wie in Hesedorf, wo der Enkel, der gern besuchte Pastor in Uthlede, aufgewachsen war.

Es gehört zum Bericht der Uthleder Jahre, daß auch eine Familien-Grabstelle auf dem benachbarten Kirchhof erwähnt wird, das Grab eines Verwandten, eines Schülers eigentlich aus der Privatschule des Pastoren. Er kam aus Carolath in Schlesien, wo es keine höhere Schule gab. Doch unterhielt unser Vater eine solche als Zubrot, weil er Studierschulden hatte. Der Knabe, ein Neffe unserer Mutter, starb an Diphtherie, und selbstverständlich, daß wir das Grab öfters besuchten, auch an der Hand der gütigen Urgroßmutter Bolland in ihrer Elmer Tracht. Einmal allerdings sollen wir Zwillinge den höchsten Zorn unseres Vaters heraufbe-

Urgroßmutter in Elmer Tracht zu Besuch in Uthlede

schworen haben, hatten wir doch die Blumen auf dem Grab halb vertrocknet vorgefunden und uns nicht geschämt, diese mit den natürlichen Flüssigkeitsgaben aus unseren gebefreudigen Bäuchlein zu begießen.

Und natürlich war ich, wie auch sonst wohl, mit gutem Beispiel vorangegangen.

Es wird auch erzählt, daß wir, die wir den Kirchhof und seine Gräber ohnehin als Spiel- und Springplatz mit betrachteten, einmal die Grabstätte mit der Aufschrift Otto Ostertun aus Carolath, umtanzt oder im Ringelreih umtänzelt hätten, zusammen mit größeren Kindern und mit dem kindlichen Vers: „Ringel rangel Rosen, schöne Aprikosen, Schmalz in den Kasten, morgen woll'n wir fasten, übermorgen Lämmlein schlachten, das soll sagen ‚mäh!'"

Eine höchst auffällige Figur soll es übrigens gewesen sein, die uns dort weggescheucht und beim Vater verpfiffen habe. Das war unser Onkel Ferdinand aus Öse, der uns als nicht so gern gesehener Besucher höchstens ein paar Zwetschen oder getrocknete Birnen mitbrachte, ein Riese eigentlich mit riesigem schwarzen Hut auch, immer dunkel gekleidet und immer rauchend. Wie wir sehr viel später erfahren sollten, kam er mehr oder weniger zur Kontrolle angereist. Er nämlich, seit einigen Jahren Rittergutsbesitzer zu Öse, wenn auch nur mit dem Namen Schmidt, hatte unserem theologischen Vater das damals nötige Geld zum Studium geliehen, und Jahr für Jahr war daran abzuzahlen. Vielleicht sah er, der Geldgeber, mit Erschrekken und Kümmernis, daß die beliehene Familie immer größer wurde. Er soll aber, bis ins zwanzigste Jahrhundert hinein sein Geld immer gekriegt haben, bis zur Inflation 1922/23, also.

Am dritten Geburtstag, wie gesagt, hatten wir, Heinz und Otfried, wie man uns rief, Uthlede zu verlassen. Eine geradezu unvergeßliche Begegnung

Uthlede, Dorfteich mit Dorfstraße, um 1905

sollte mir viele Jahre später noch einmal gewisse Bilder aus dem Leben in dem Pfarrhaus dort zurückrufen. Das war in – New York, und zwar im Jahre 1954! Der Plattdeutsche Volksfestverein Brooklyn feierte ein Jubiläumsfest, wozu ich eingeladen worden war, und wo man mir schon zu Anfang mitgeteilt hatte, daß ein Mitglied des dortigen Osterstader Vereins mit Namen Isaak, Jakob Isaak, mich gern begrüßen möchte. Ich erschrak. War das nicht ein Jude? Noch mehr erschrak ich, als ich bei der Begrüßung entdeckte, daß der jüdische Mann eine mehr oder weniger zerstörte Hand hatte. War er den Nazis in die Hände gefallen? War er zu spät ausgewandert? Hatte er Klagen und Anklagen anzubringen? Allein, mein Erschrecken löste sich bald geradezu in eine Art Beglückung auf. Von einem sehr freundlichen Menschen sah ich mich mit meinem Vornamen angeredet. Chottja, ein Hengst habe ihm mal – schon drüben – die Hand zerbissen, lange her, aber nun freue er sich, einen auch in Uthlede Geborenen begrüßen zu können. Zu meiner höchsten Überraschung fragte er in seinem alten Platt nach meinen älteren Geschwistern, die er alle kannte. „Wat maakt Kurt?“ wollte er wissen. „Leevt Paula noch?“ (Frau Frühling, später in Indien) „Un de lüttje Rudi, wo stickt de?“ (Der spätere Pastor Rudolf Schmidt in Lilienthal, erster Vorsteher des Hospitals dort.) Un de lüttje Toni? (Früh verstorbene Schwester). Ich war zuerst sprachlos, doch sah ich gern in dieses faltenreiche und doch ansprechende Gesicht. Ja, er stamme aus Uthlede, und nicht nur das, er sei bei meinem Vater in die Privatschule gegangen. Er habe diesem seine Sprachkenntnisse zu verdanken. Er lachte, der gestrenge Herr Pastor habe die Eigenschaft gehabt, einem beim Unterricht am Ohr zu zupfen, wenn man als stotternder Schüler nicht wußte was, wo und wie. Er lachte wieder, er mußte daran denken, daß sie zur Herbstzeit immer wie die Luchse aufgepaßt hätten, ob von den Obstbäumen am Haus nicht eine reife Birne ins Gras hinabplumpse. Flugs wären sie nach dem Plumps, oft mehrere zugleich, aus den Fenstern gesprungen, um sich die saftige Frucht reinzuholen. – Ob es in Uthlede noch die Uhrmacherdynastie gebe, fragte er nebenbei. Hätte unser Vater nicht mal eine Standuhr mit zinnernem Zifferblatt dort erworben oder gar als Honorar für seinen Unterricht bekommen? (Wir hatten eine solche). Er mußte immer wieder lachen und zeigte sich sehr erfreut, als ich ihm vom Wohlergehen meiner älteren Geschwister erzählen

Uthlede, alte Dorfstraße

konnte. Und richtig laut lachte er, der jüdische Mann, als ich ihm verriet, daß man meinem ältesten Bruder Kurt im Dorf Uthlede den Beinamen ‚de verkamen Smidt‘ gegeben habe, weil der es ja nicht mal zum Pastoren gebracht habe, sondern bloß irgendwas an der Universität geworden sei! (Er, der Kurt Dietrich Schmidt, konnte sich bloß [!] Privatdozent und alsdann Universitätsprofessor für Kirchengeschichte nennen!) Wenn ich mich richtig erinnere, haben wir dann, der Jakob Isaak und ich, am Counter des Brooklyner Parkrestaurants wie üblich unsere Whiskys getrunken, haben miteinander angestoßen und uns für die Zukunft Glück gewünscht. Daß er mir, ausgerechnet er und in der fernen Großstadt New York ein so freundliches Bild vom Uthlede der Jahre um 1900 und von meinem Elternhaus dort vorgezaubert hat, bleibt unvergessen.

„*Uthlede*" – nicht „Aus Leid" seist du genannt, habe ich einmal geschrieben. Ein schön gelegenes Dorf, muß ich heute sagen, hier geben Geest und Marsch sich ihre Hand. Man kann es auch in Verse fassen, zum Beispiel so:

Der Pfarrhof rechts, die Kirche links,
Garten und Kirchhof blütenübersät,
Und Kinderspiel geht über Grab und Beet,
Ist heiter wie die Falterflüge rings.

Hamelwörden

I.
Vorschulzeit

„Wir sehn den Garten, *groß* das Marschenhaus" – so heißt es zwar einmal von mir, doch hängt die erste Erinnerung an Hamelwörden, und überhaupt die erste bildhafte oder die erste, von einer Gefühlsregung erwärmte, Erinnerung meines Lebens mit einer Frau

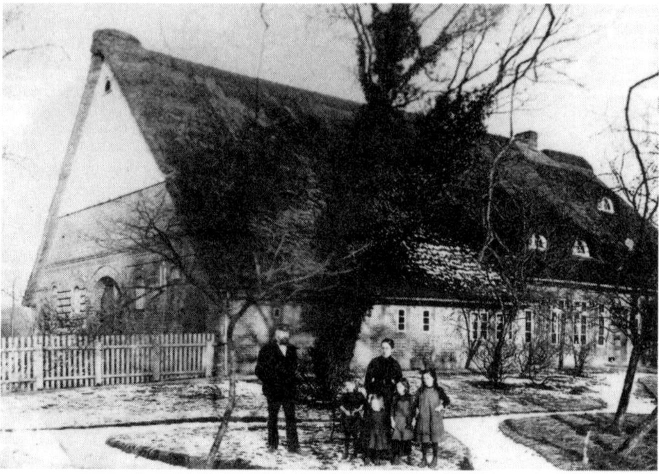

Pfarrhaus Hamelwörden – mit Vater und Mutter Schmidt und den vier jüngeren Schwestern

zusammen. Mitten auf einer großen, fast bäuerlich wirkenden Wohndiele steht da halb im Dunkeln eine umfangreich zu nennende Frauensperson, die wir zu begrüßen haben und die uns Dreijährige mit ebenso lautem wie gütigem Lachen auffängt, und so lebhaft, daß ich alsbald von ihren bis auf den Fußboden hinabreichenden Röcken gänzlich umfangen und gleichsam eingedeckt werde. Eine angenehme Begegnung in dem neuen Dorf! Vielleicht daß die Wärme dieser Rockfülle oder auch die Wärme dieses großen Frauenleibes mir durchaus nicht unwillkommen war, denn es war Januar, es war Winter, und hier strömte alles, wie es schien, Wärme aus. Und suchte meine kleine Existenz nicht eigentlich immer Wärme? Hier war sie, bei der großen Person, namens Mutter Oels oder Tante Oels, wie wir zu sagen hatten. Wir besuchten sie hier in dem Hauptlehrerhaus und von diesem ersten Tage an fast täglich, und wenn es nur war, um vormittags die dann gerade von ihr gekochten, draußen dampfenden Schweinekartoffeln zu kosten. (Sie hatten also auch Schweine und irgendwo einen Schweinestall.) Ihr immer rotes, breites Gesicht strahlte vor Vergnügen, wenn wir, vorsichtig zupfend, die Pelle von den kleineren Kartoffeln abzogen, um dann, immer vorsichtig, einige davon zu vertilgen. Wir hatten in diesem geräumigen Hause, das von uns aus gesehen an der Hauptstraße hinter der Kirche lag, bald überall Zutritt und merkwürdigerweise zu jeder Tageszeit. Jedenfalls ist mir noch halbwegs bewußt, daß wir an einem frühen Vormittag schon mal bei Onkel und Tante Oels bis ins Schlafzimmer vorgedrungen sein müssen, vielleicht an einem Sonntag, und daß die noch nicht ganz angeklei-

Die Kreisbahn mit der Lokomotive Hohenzollern hält in Hamelwörden, 1909

dete gewichtige Tante bemüht war, ihr Korsett strammer zu schnüren; sie tat es stöhnend und ruckweise und indem sie die Schnur, zur Unterstützung um den Bettpfosten geschlungen, ebenso ruckweise immer wieder anzog. Es war übrigens ein weiß-silbern glänzendes Korsett. Rätselhafterweise wurden wir nicht an die Luft gesetzt. Es waren liebe Leute, auch der Onkel Oels, der zwar als Hauptlehrer und Organist einen dem Kaiser in Berlin nachgeahmten strengen, nach oben stehenden Schnurrbart tragen mußte, für uns jedoch, die wir noch nicht zur Schule gingen, vorerst ein immer freundlicher Onkel blieb.

Ansonsten ist uns damals klargemacht worden, daß wir von Uthlede her mit mehreren Kutschwagen zur Eisenbahn nach Stubben gebracht worden waren, daß wir mehrmals hatten umsteigen müssen, so auch endlich in Stade, wo dann die Kehdinger Kreisbahn auf uns wartete, eine Schmalspurbahn, die, wie man weiß, neben der Chaussee, sozusagen unter den Obstbäumen hin, die Marsch durchlief und sich durch eine höchst geheimnisvoll wirkende Lokomotive auszeichnete. Diese nämlich verbarg ihren langen Kessel, ihren Heizofen und ihren Schornstein hinter eisernen Wänden und wirkte wie ein düster dampfendes Stuben- und oder Scheunengebilde auf Rädern. Leider habe ich von jener ersten Fahrt mit dieser „Kreisbahn Stade/Itzwörden“ nichts behalten. Sie hielt aber auf der Haltestelle Hamelwörden vorgeschriebenermaßen an, worauf wir, wie angedeutet, im Lehrerhaus erstmal Reverenz zu machen hatten, um bald danach als kleine Bötels völlig übermüdet festzustellen, daß es auch in diesem fremden Dorf für uns ein Haus mit wärmenden Betten gab. Eng umschlungen schliefen wir, wie gewohnt, ein.

Es war ein viel größeres, viel längeres, älteres und auch majestätischeres Bauern- oder Pfarrhaus als das in Uthlede, zumal hier in Fachwerk gebaut und mit Reetdach. Wir durften es erfahren. Es paßte gut zu einem vollbärtigen großen Herrn Pastoren, mußte ich denken. Es war, wie von mir später wohl kundgetan, fast soviel wie eine geistliche Residenz, jedenfalls innerhalb der Bauernwelt ein im Wirtschaftlichen wie im Geistigen hervorragender Herrensitz, nur noch übertroffen, wie später festzustellen, von einem zu bewundernden norwegischen Pastorat im Freilichtmuseum Lillehammer. Auch hier jedenfalls zunächst mal eine riesengroße *Küche* mit langem Tisch in der Mitte, mit riesengroßem Herd und hochragender blanker Wasserpumpe am Fenster über dem Gossenstein, die manchmal auch Frösche ausspuckte, ein weiträumiger Hausflur natürlich mit entsprechender Treppe zur geheimnisvollen Studierstube des Herrn Pastoren hinauf, darunter ein Hundekoben für unsern Moppi; auf dem Fußboden, aus unserer Sicht, überdimensional große graue Steinplatten und vier bis fünf Türen, zur Küche hinten, zum sogenannten ‚roten Gang' daneben, der nach draußen, aber links auch zu den Schlafräumen führte, dann rechts Türen zur Wohnstube und zu der, für uns letztlich verbotenen, ‚besten' Stube. Und über den roten Gang gelangte man auf die gewaltig große düstere Diele.

Nun, wir sollten alles kennenlernen, im guten wie im bösen. Merkwürdigerweise kamen wir Zwillinge eigentlich erst jetzt dahinter, daß wir Geschwister hatten, ältere und auch eine lüttjere Schwester, die wir Mia nannten. Eine größere, für uns „große" Schwester, namens Paula, fühlte sich offenbar berufen, uns mit zu erziehen, war mir jedenfalls öfters im Wege, wenn ich meinte, etwas unternehmen zu müssen. Ich sei frech, klagte sie, und auch, ich hätte sie angespuckt. Noch waren wir indessen nicht so weit, wahrzunehmen, daß eine uns vorangegangene Schwester sehr krank war, die Mutter uns aber schon bald wieder mit einem Geschwisterchen würde beschenken müssen. Man schrieb dann allmählich die Jahre 1906 oder 1907, wozu zu bemerken ist, daß auch Knaben im vierten/fünften Lebensjahr nicht nur eine Erlebniswelt für sich haben, sondern darin auch gleichsam wie abgeschlossen leben können. Wie wäre es sonst zu erklären, daß sowohl der Tod der etwas älteren Schwester Toni mit Trauerfeier und Beerdigung, als auch die Geburt der

Schwester Olga mit großer Unruhe im Hause, mit Taufe, Taufgästen und entsprechenden Feierlichkeiten unbeeindruckt an mir vorübergingen. Viel wichtiger war es ja, zu beobachten, daß nach dem Winter unsere Störche, wie auch auf den benachbarten großbäuerlichen Scheunendächern, im Begriff waren, zu uns zurückzukehren, daß einer schon ganz selbstverständlich oben landete, dort rot- und langbeinig auf dem langen First entlangspazierte, um dann mit lautem, abwehrenden Geklapper von seinem alten Nest Besitz zu ergreifen. Vom Vater wurde uns erklärt, dies sei der Vorbote, und wirklich stellte sich ein zweiter nach gegebener Zeit ein, und zum ersten Mal in unserm Leben waren wir dann fröhlich beobachtende und vor Freude herumtanzende Zeugen der weithin hörbaren klappernden Begrüßungsszene hoch oben auf dem Dach, die uns Jahr für Jahr treu bleiben sollte.

Bald hatten wir natürlich auch Spielkameraden im Dorf, vor allem aus den Häusern der Handwerker und kleinen Leute um den Marktplatz herum, der sich da mit seinem Rasengelände sehr einladend für uns zum Toben zwischen Kirche und Pfarrhaus, beide auf ihrer Wurt, ausbreitete. Unsere kindliche Umgangssprache wurde natürlich bald vom Platt des Landes beeinflußt, was ich gern annahm, und so soll ich denn eines Tages vom Marktplatz her klagend zur Mutter ins Haus geflüchtet sein mit dem klassischen Ausspruch: „Geiorch fießte mir an und wurfte mir so ran'n Heck!" Unsere Sprache und zumal die meinige konnte wohl nicht besser sein. Denn mit wem verkehrten wir denn eigentlich im Haus? Mit den Eltern doch am allerwenigsten. Also mit den Küchenmädchen, mit den Kindern auf dem Marktplatz oder mit den Knechten vom benachbarten Hof! Nun, der erwähnte Geiorch, Georg Wümling, ein paar Jahre älter als wir, ein lang aufgeschossener, magerer Knabe eigentlich, Sohn der Schusterswitwe dort am Marktplatz, hatte sich uns angeschlossen, war auch in gewisser Weise unentbehrlich, denn er kannte sich aus in der „Topologie" des Dorfes, wußte die Wege von Grundstück zu Grundstück, von Obsthof zu Obsthof und auch zu vergessenen Eierpflaumenbäumen! Er kannte auch die versteckten Übergänge über die breiten, im Sommer von Entengrütze überwucherten Gräben, die ja jedes Hofgelände und auch das der Pfarrei umgaben. Wir hatten bald keine Geheimnisse mehr voreinander, und so nahmen wir es denn auch als unumgänglich hin, daß er eigentlich immer Durchfall hatte und sich öfters an einem unserer Grabenränder von seinem Darmdruck befreien mußte, merkwürdig helle Häufchen hinterlassend. Er zeigte uns auch, daß man sich bei den Schafen auf den Wöhrden, hinter unserm Haus, wenn man sie gut festhielt, die Milch in den Mund melken konnte. Natürlich wußte er viel mehr als wir, wußte auch, und verschwieg es uns gegenüber nicht, daß die Frauen, wenn sie ein Kind erwarteten, „denn weierd dei jümmer sau dick!" Es versteht sich, daß ich daraufhin unsere Mutter genauer betrachten mußte, und daß ich dann feststellte, was sie eigentlich für gewaltig starke Oberarme hatte, daß es also mit ihr wieder so weit sei, und daß man sich vielleicht wieder würde foppen lassen müssen. „Geiorch" flüsterte mir eines Tages dann aber zu, daß die Störche es seien, die die Kinder brächten, und nicht nur das, sie kämen ins Haus geflogen, ja in die Schlafkammer der Mütter hinein und bissen sie ins Bein, jawohl; und die müßten dann das Bett hüten, tagelang! Und wir brauchten nicht mehr lange zu warten, dann sei es bei unserer wieder so weit, er habe doch Augen im Kopf!

Die Störche also! Ich war klein genug, um alles zu glauben. Das ging so weit, daß ich einen Zorn kriegte auf die klappernden Hausgäste da oben, daß ich glaubte, sie vertreiben zu müssen. Ja, umbringen sollte man diese Viecher, wenn anders die Mutter vor ihnen nicht zu schützen war. Es kam uns zustatten, daß der kleiige Marschboden hin und wieder hart trocknete, also manchmal auch steinharte Erdkluten aufzuweisen hatte, mit denen man prächtig ‚smeißen' konnte. Da aber das Dach mit den Störchen für uns kleine Krabauter viel zu hoch war, wußten wir, Geiorch und ich, uns eine der leichteren Obstleitern herzuholen, und er brachte es wirklich fertig, sie von der Gemüsegartenseite her anzustellen, damit ich aufs Dach gelangen und von dort aus ‚smeißen' könnte. Auch seinen Flitzbogen stellte er zur Verfügung, bis ich es zu erleben hatte, daß die verflixten ‚Großen' mich auf dem Dach entdeckten, und daß ich eine gewaltige Strafpredigt über mich ergehen lassen mußte, zumal mein Entschuldigungsgestammel vonwegen „Hilfe für Mutter und was denn sonst", nur Lachen hervorrief. Natürlich war Georg dabei längst verschwunden. Ein Glück war es, daß ich es nur mit den weiblichen ‚Großen' zu tun hatte. Zweifellos hätte der eigentlich immer ernsthaft wirkende Vater mir bei dieser Gelegenheit seine ganze Strenge gezeigt. Im Gegenatz zu den Schwestern, kannte ich ihn eigentlich nur so. Ja, was mir da im

Haus oder am Haus begegnete, war ein stets schwärzlich gekleidetes, gewaltig großes und gewaltig ernstes Mannsbild mit ebensolchem dunklen Vollbart.

Zweifellos bin ich ein nervös zu nennendes, überaus lebhaftes Kind gewesen, neugierig dazu über alle Maßen, ein Kind, das seine Nase in alles und alles ‚reinstecken' mußte. Der Vater sah das nicht gern, auch nicht, das ‚Geiorch' und ich bei unserm Bemühen, die Störche zu vertreiben, mit Erdkluten ein paar Fensterscheiben in der Giebelwand vorne am Haus, unter dem Storchennest also, eingeschmissen hatten. Er sah es auch nicht gern, daß ich Freundschaft gesucht und gefunden hatte bei den Knechten in der Nachbarschaft, zum Beispiel auf dem großen Raths-Hof. Keine Macht auf Erden hätte mich aber auch von dort fernhalten können, von den Pferdeknechten zumal, denn neben den Stuten und Remonten waren über vierzig Arbeitspferde allein da, von den Knechten auf der Kuhdiele in dem langen Marschbauernhaus und im Ochsenstall, aber auch von den Freundschaftsstunden im Ferkelstall zudem bei dem Schweinejungen ganz zu schweigen. Wie gern hätte ich bei den Knechten über ihrem Pferdestall mal geschlafen, wie gern auch an dem langen Tisch neben der Küche mal mit ihnen laut schmatzend zu Mittag oder zu Abend gegessen. Auf diesem weiträumigen Stall- und Hofgelände war doch, weiß Gott, tausendmal mehr los als bei uns in der Kinderspielstube, unserer eigentlichen Eßstube neben der Küche. Ja, ich steckte meine Nase in alles hinein, so war ich selbstverständlich dabei, wenn Schafe an der Küchenseite des Rathschen Hauses geschlachtet wurden, und sah auch zu, wenn der Hofschlachter mit seinem scharfen Messer einmal kurz dem auf die Schlachtbank gebundenen Muttertier durch das Euter fuhr und die weiße Milch dann in die Erde floß. Daß ich selbst einmal von einem der grauhaarigen Tagelöhner ergriffen und zum Spaß auf das zu schlachtende Schaf gelegt wurde und daß man ein Tau zum Festbinden schon bereit hielt mit der Bemerkung: „Nu kümmst du an de Räich!“, das steckte mir als eine Art Teufelsschock zwar lange in den Knochen, doch versickerte es in mir, zumal ich es zu Hause verschwieg, aber auch angesichts der vielen, vielen anderen Erlebnisse, welche diese Höfe mit all ihren Wagen und Gespannen und überhaupt dieses Marschland, zu bieten hatten. Immer wieder hieß es: „Wo bist du gewesen, wo?“ Allein schon der Anblick des Prachtgespannes „Odevoss“ und „Schimmerun“, eines Braunen und eines Schimmels vor der Sonntagskutsche war das Wegbleiben wert.

Ach, es hätte immer viel zu berichten gegeben von den Erlebnissen mit den Leuten auf dem benachbarten Hof. Schlug doch einmal ein junger Knecht einer Kuh mit der Forke beim Füttern so hart zwischen die Hörner, daß es blutete, was sich der Herr Rath nachher nicht erklären konnte. Und wollte ein andermal ein Knecht von mir nicht wissen, ob ich denn zwischen den Beinen auch so ein Dings zum Wasserlassen hätte? Er brauchte ein anderes Wort. Ich zeigte es ihm, und er lachte zustimmend. Durfte man Derartiges zu Haus erzählen? Und daß man an der großen Bierkruke der immer gemütlichen Tagelöhner in der Scheune genascht hatte? Ich unterließ es schon deshalb, weil die Mutter einmal bemerkte: „Junge, was sprichst du für ein abscheuliches Plattdeutsch!“ Aber das war doch das meiner Freunde, der Knechte drüben, die sich viel natürlicher gaben als etwaige Gäste bei uns zu Haus.

Einladend zu spielerischer Betätigung außerhalb des Hauses war doch darüber hinaus allein schon der Erdboden ringsum! Und kein Tag, wo meine Knie am Abend nicht verkrustet gewesen wären! Mit dem grauen, knetbaren Lehm, den die Erde nach einigen Regentagen stets aufzuweisen hatte, ließen sich, bitte sehr, ganze Häuser, ganze Höfe, ja ganze Dörfer bauen. Wir taten es, und ich war gar zu gern dabei, auch zum Beispiel auf dem weichen Gehweg hinter der Kirche, unter den hohen Bäumen dort. Natürlich lagen wir bei diesem „schöpferischen“ Spiel vor einer Pfütze auf den Knien und hatten Hände wie die Ziegeleiarbeiter, als einer der Nachbarn den Weg entlang kam. Auf die Frage, ob wir denn auch eine Kirche mit bauten, soll ich gesagt haben: „För de hai wi keen Schiet öuwer!“ Ausgerechnet das muß neben anderem meinem Vater verplifft worden sein, denn er war längere Zeit nicht gut auf mich zu sprechen, während er die Schwestern, die kleine Olga vor allem, oder auch die liebe Mia doch gern mal auf den Knien schaukeln ließ und ihnen Hopp-hopp-Reiter-Lieder vorsang. Für mich gab es das nicht, und nur Otfried, der stillere und immer fügsame Zwilling, konnte sich dieser Gunst wohl mal erfreuen.

Dann aber war es für eine Zeitlang aus mit dem Draußenspielen und meinen Besuchen auf Raths Hof. Ich wurde krank und hatte so hohes Fieber, daß mir nicht nur ein Krankenlager im Elternschlafzimmer neben dem Bett der Mutter hergerichtet wurde, sondern daß sogar der Vater (mit dem Onkel Dokter Rommel aus Freiburg) sorgenvoll an meinem Bett erschien und sich in ganz ungewohnter Weise mit mir unterhielt. „Jetz mach Vaoter mir auch so gerne leiden“, soll ich gesagt haben. Und wirklich hatte er sich unter anderem mal die Zeit genommen und mir das Lied vorgesungen: *„Wer will unter die Soldaten, der muß haben ein Gewehr, der muß haben ein Gewehr, das er kann mit Pulver laden und mit einer Kugel schwer. – Bübchen, wirst du ein Rekrut, merk' dir dieses Liedchen gut. Hopp hopp ho-opp, hopp, hopp hopp –“ usw.*

Nun, das sollte ein Übergang bleiben. Ich überstand den Scharlach, oder was es war. Ich wußte auch die Zeit des Verwöhntwerdens während der Rekonvaleszenz für mich gut zu nutzen, zumal festgestellt wurde, daß ich schön singen könne, – wenn dazwischen auch wohl bemerkt wurde, ich hätte keine Stimme, sondern eine Schallblase. Nun, ich sang, und nicht nur im Haus, sondern alsdann noch lieber draußen, und so, daß es weithin über Haus und Dach, durch den Blumen- und Gemüsegarten, durch den Obstgarten sogar und über den Marktplatz hin schallte. Mein Vater, dem das schließlich auf die Nerven ging, sagte endlich: „Wenn du gröhlen willst, geh hinten auf die Weiden!“ Ein von mir in dieser Zeit spielend erfundener Singreim, nur ein sinnloses Geplapper eigentlich, ist erhalten geblieben. Es ließ sich wahrhaftig singen, wenn auch die Großen, die anderen Geschwister und auch die Hausmädchen in der Küche dazu nur den Kopf schütteln konnten. (Den Eltern sang ich das nicht vor!) Es lautete, von mir also erdacht und in Töne gebracht:

ZICK NARWU / DI LEKKER DU, / ZICK NARWU / DI LEKKER DU, / BUDDE BUDDEBUTT, / BUDDE BUDDEBUTT, / NARDI, NARDI, NAR-DI!

Diese schöne Schöpfung hat mir, soviel ich weiß, die erste Tracht Prügel von meinem Vater eingebracht, und das hing mit der Kirche, mit einer Beerdigung und mit dem Friedhof zusammen. –

Nebenbei zu erwähnen: wir hatten eigentlich drei „Kirchhöfe“. Da war der frei um die Kirche herumliegende mit seinen buchstabenreichen und hohen altehrwürdigen Grabsteinen. Da war der sogenannte alte Kirchhof, der, von wildem Gesträuch angefüllt, sogar ein mysteriöses sagenüberwuchertes Zigeunergrab haben sollte, dem sich Kinder nur auf Zehenspitzen und leise flüsternd nähern durften, von wo aber ein versteckter Pfad oder ein von Wildrosen eingefaßter Zigeunersteg nach links hin zum Grenzgraben führte, d. h. zum großen Dohrmannschen Obstgarten, der im Herbst wiederum sehr anziehend war, weil er immer saftige Birnen zu bieten und zu beißen hatte, – alles in allem ein helles Gegenstück zur Nachbarschaft des halb vergessenen Kirchhofs mit all seinem Wildwuchs. Endlich hatte Hamelwörden indessen aber ja noch den neuen, ziemlich außerhalb nach dem Deich zu gelegenen Friedhof mit großtüriger und fensterreicher, aber kahler Kapelle und schönem Rotdorn ringsum – letztlich umgeben von einem sehr breiten mit immer hohem und geheimnisvoll rauschendem Schilf gefüllten Graben. Es muß ein nasses Gelände gewesen sein, denn einmal durfte ich zusehen, als ein Sarg in ein halb mit Wasser gefülltes Grab hinabgelassen wurde.

Und doch blühten auch hier auf den Gräbern die Blumen! Das gefiel mir, und einmal soll ich fröhlich hopsend vor Kirchhofsbesuchern hergesprungen sein mit dem Ausruf: „Ätsch, wir haben man auch ein Grab!“ Worauf die Mutter mir allerdings in die Haare fuhr.

Ein halbwegs gepflasterter Weg führte vom Dorf zu diesem Friedhof, hatte also jeweils auch den Leichenzug bei Beerdigungen aufzunehmen. Dieser wiederum war für Kinder nur von der kleinen Luke im Kirchendach aus wahrzunehmen und zu verfolgen, wenn man sich eines der merkwürdigen großen halbrunden Holzgebilde da auf dem Boden unter die Füße rollte. Die Kirche und zumal der Kirchenboden mit seinem Gemüll von Fledermaushinterlassenschaften war für uns fast so anziehend wie ein Bauernhof, und ich kannte mich dort im Halbdunkel bald gut aus und wußte auch den Klang der Glocken zu erforschen. Wir als kleine „Naturforscher“ fanden auch in der schmierigen Jauche der Austrittsgelegenheit für Männer zu Seiten der Kirche die immer interessanten Larven der Schlammfliegen mit ihren langen weißlichen Schwänzen, mit welchen wir die Stichlinge in den Gräben zu füttern und zu fangen versuchten.

Oben in der Kirche aber geschah es dann, daß wir uns, ich weiß nicht mehr mit wem, während einer Beerdigung, während des weit unter uns langsam dahinziehenden Leichenzuges (nach dem neuen Kirchhof zu) aus der Dachluke herausbeugten und mit aller Kraft unseren Gesang ertönen ließen: ZICK NARWU DI LEKKER DU, usw. Der schöne Ausblick von da oben, über die Häuser und den Deich hin, über alle

Wege auch, die zum Deich hin führten, über alle Baumriesen und alles Marschengrün hin, mit all den gewölbten Weiden, mit Bohnen-, Weizenfeldern und Hafer und den Wolken am Himmel dazu hat sich mir, meine ich, von damals her für alle Zeiten als ein unauslöschliches Bild des Marschenparadieses eingegraben.

Währenddessen aber sangen wir unseren Reim, und es muß dem gestrengen Herrn Pastoren, dem berufenen Vertreter der kirchlichen Gerichtsbarkeit, wenn man so wollte, zu Ohren gekommen sein. Er hatte zwar, als der singende Sohn ihm an diesem Tage wieder vor die Füße lief, seinen Talar nicht mehr an, aber immerhin sein übliches Zeug. In seiner dunklen Existenz jedenfalls (so meine Erinnerung) blieb er vor mir stehen, blickte streng strafend, ja fast traurig auf mich herab und brachte nur kurz über die Lippen: „Du kriegst Hiebe!" Doch nicht etwa, daß dies sofort vollzogen wurde, was ja denn wohl besser angebracht gewesen wäre, nein, diese väterliche Bestrafung geschah eine Treppe hoch fast in einer Art Feierlichkeit oben in der Abgelegenheit der pastoralen Studierstube – vielleicht auch in geziemender Entfernung von der Mutter, der ‚Frau Pastor', und geschah, nachdem der Herr Vater sich im Garten in aller Ruhe, wie es schien, einen Stock geschnitten hatte. (Der doch von der Schöpfung für ganz etwas anderes ursprünglich gedacht war! Oder war Gottes Wille etwa auch in den Hieben?)

Es wäre also Zeit genug gewesen, sich irgendwie erstmal zu verdrücken. Oder sollte einem etwa diese tier- und seelenquälerische Zeit vor dem Strafakt dazu

Die neun Geschwister Schmidt, v. li. Otfried, Olga, Annameta, Paula, Heinrich, Kurt, Rudolf, Gertrud und Mia

dienen, über Sündhaftigkeiten nachzudenken, Buße zu tun und in sich zu gehen? Chottja, so hätte man, älter geworden, vielleicht gedacht. Schließlich kam dann ja aber der Augenblick, wo es hieß: „Du sollst nach oben kommen!“, wo also das singende Söhnchen noch erstmal eine Strafpredigt über sich ergehen zu lassen, sich dann über einen Stuhl zu legen und schließlich etliche Schläge über den Allerwertesten zu erdulden hatte. – Übrigens: Je mehr man schrie, je mehr man sich auf die Seite wälzte, desto weniger Hiebe gab es. Kindlich gerissenes, halbwegs „plietsches“ Gehabe war also durchaus angebracht.

Merkwürdigerweise war es, auch im Späteren, immer nur mein Persönchen, dem solches zugedacht wurde. Soviel ich weiß, blieb Otfried, mein lieber

Zwillingsbruder, fast ganz davon verschont. Merkwürdig erschien mir dann auch wohl das Verhalten der Geschwister zu mir. Gingen sie mir nicht aus dem Wege? Habe ich denn jemals ein Wort des Bedauerns oder Ähnliches von ihnen zu hören gekriegt? Und der Stock, dieses Dokument väterlicher Überlegenheit und Gewalt, der offenbar allein für mich gedachte, allein auf mich herabdrohende Knüppel, behielt seine Bedeutung; er stand im Eßzimmer, zwar weit entfernt hoch oben auf dem Eckbord, und doch sozusagen griffbereit. Und sogar im weihnachtlichen Tannenbaum hielt er sich einmal als mahnendes Menetekel versteckt, was für mich hernach aber doch als ein Zeichen ehefraulicher Unterwürfigkeit dastand. Nun, ich starb nicht daran, muß aber erwähnen, daß sich der Vater oben am Tisch einmal nach dem Essen gleich nach dem Amen des Dankgebetes eiliger als sonst erhob, den Stock ergriff und – Gott sei dank – nach oben hin verschwand – wo ein höchst bedauernswerter Konfirmand, (oder was es war – ach, wie verstand ich ihn!) seiner zu harren hatte. Und ich hatte doch sträflicherweise, wie immer ganz unten am Tisch sitzend, diesen Mittag etliches, was mir nicht schmecken wollte, auf dem Teller liegen lassen, erschrak also ziemlich.

Zweifellos hätte es gewichtigere und auch zutreffendere Gründe für eine handgreifliche Bestrafung gegeben als meine kindliche Singerei aus der Kirchenluke heraus. Gott sei Dank hatte ich indessen die Gabe, Unangenehmes bald zu vergessen, um so eher, als jeder Tag doch immer wieder Erfreuliches brachte, zumal bei allem Reichtum dieses Marschenlandes und all seinen Überraschungen für heranwachsende Jungs.

Allein über die Gräben zu springen, war doch schon was! Und dann erst die Begegnung mit den Kaulquappen darin, mit Fröschen und Stichlingen, die Begegnung auch mit schmackhaften Kalmuswurzeln einerseits und Schilfrohrstangen andererseits, aus denen man Flöten machen konnte. Daß ich einmal bei dem Versuch, unseren langhaarigen Moppi über den Graben zu werfen, mit ihm zusammen hineinfiel, darf ich hier als etwas damals zu Verschweigendes erwähnen.

Und doch, wenn es im Plattdeutschen den Spruch gibt: „Man kümmt ut de Angst nicht rut, sä de Jung", so hätte das längere Zeit für mich seine Gültigkeit haben können. War es denn nicht so, daß ich irgendwas immer ‚ausgesessen' hatte, und daß meine Geschwister eigentlich oft etwas hätten ‚nachsagen' können? Nun, wenn es heißt, Kinnersnack kümmt jümmer op 'n Schietsnack rut, so kann ich das Folgende nicht gut unterschlagen, wenn wir auch inzwischen etwas älter geworden waren. So erinnere ich mich einer höchst peinlichen Begebenheit weiter draußen auf den ‚Wöhrden' hinter unserem Haus, bei der ich außer den Geschwistern und nachbarlichen Gespielen, weiß Gott, keinen Zeugen oder Beobachter gebrauchen konnte. Es stand da an dem Grenzgraben, dem ‚Wegfährsgraben', wie er hieß, ein toter, halb hohler Weidenstumpf – stehen geblieben wohl als Scheuerpfahl für das Vieh. Weiß der Kuckuck, was in mich gefahren war! Jedenfalls ‚mußte' ich mal, glaubte mich auch damit hervortun zu müssen, hockte mich etwas abseits also nicht hin, sondern drückte mein nacktes Hinterteil pressend so an den abgescheuerten Stamm, daß ein bräunliches Zäpfchen daran haften blieb. Wahrscheinlich hätte ich von dieser dummen und absonderlichen Szene gar nichts behalten, wenn nicht in diesem Augenblick, d. h., ehe ich die Hose wieder hoch hatte, auf dem Weg an der andern Seite des Grabens ein Reiter herangekommen wäre. Es war der Herr Rath vom Augustenhof am Hollerdeich, und dieser muß sofort alles, aber auch alles gesehen und wahrgenommen haben, denn als wir Kinder wenig später nachmittags bei ihm im Garten waren, mußte ich es erleben, daß er seinen Damen sehr lebhaft ausmalte, welche Szene er da am Wegfährsgraben mit mir hatte beobachten dürfen. Ich weiß noch, daß ich währenddessen am liebsten in die Erde, aber doch halb unter den Tisch kroch. Und hätte doch auch ihm und seinen Damen da am nachmittäglichen Kaffeetisch ebenso Befremdendes von ihrem ehrenwerten Sohn Hermann erzählen könne. Dieser nämlich hatte mich kurz vordem auf den Heuboden gelockt und mich dahin gebracht, daß wir uns mal ein bißchen auf einander legten. Ja, das sei ein schönes Spiel, was aber gar nicht meine Meinung war und mit dem ich auch nichts anzufangen wußte.

Weder Vater noch Mutter haben von diesen Erlebnissen jemals etwas erfahren, und, Gott sei Dank, auch ein anderes nicht, welches, wie ich heute sagen muß, in den Augen der Erwachsenen etwas geradezu Schlimmes, Verworfenes und Böses, in meinen Augen aber auch Kindlich-Verspieltes und Harmloses war. Es ist dazu vorauszuschicken, daß wir Kinder, die Jungs, womit die Zwillinge, und die Deerns, womit die kleineren Mädchen gemeint waren, sonnabends gebadet wurden, entsprechend dem Reim aus unserem Bilderbuch „Am Sonntag muß besonders rein ein jedes Kind gewaschen sein; drum kommen alle, welch ein Spaß, am Tag vorher ins große Faß.“ Wir wurden also gebadet und standen eine Zeitlang allesamt nackigt um die große Wanne herum, oder präsentierten uns im Badewasser, die Mädchen zuerst und dann wir anders ausgestatteten Zwillinge wie die Menschen der ersten Schöpfungstage, was uns übrigens nichts ausmachte, und wo wir, wie wir gesagt hätten, auch nichts ‚bei‘ fanden. Dies vorausgeschickt, ist zu sagen, daß ich eines Tages gegen Abend in das Haus der Witwe Wümling gelotst wurde, wo in der Küche sozusagen ein Familiengericht meiner harrte, und wo ich, nach Meinung dieses Gerichts eine Schandtat sondergleichen zu gestehen hatte. In der Tat hatte ich, wie ich hier betonen darf, in aller Unschuld, Bauer gespielt, Bauer mit Kühen und mit Kuhmelken. Dazu hatte ich mir in meine Höhle in Kaufmann von Holts Hecke, d. h. in meinen Kuhstall, die kleine Schwester von ‚Geiorch‘ geholt. Sie war meine Kuh, mußte also gemolken werden, und wo das Euter saß, nun, das wußte ich ja und handelte demgemäß. Ich war etwa fünf Jahre alt, als ich gegen Abend vor diesem Familiengericht zu erscheinen und in die versteinerten Gesichter einer Großfamilie zu blicken hatte. War es nicht sowas wie ein Todesurteil, dem ich da ausgesetzt war? Es fehlte nur noch, daß die Eltern davon erfuhren! Und war von ihnen denn zu erwarten, daß sie mir meine Unschuld glaubten?

Ich lebte tagelang in höchster Angst, obgleich Wümlings sich ausschwiegen, erschrak aber doch zutiefst, als eines Abends unsere Mutter an unser Bett trat und

Typisches Marschengehöft in Kehdingen, um 1910

uns weckte. Doch nichts von meinen Ängsten trat ein. Es war vielmehr eine gute, eine gütige Hand, die da unter unsere Bettdecke griff. „Ihr seid schon groß genug“, sagte sie leise und doch, wie es schien, etwas erregt. „Ihr dürft es schon sehen!“ Aber was wir dann, nach draußen vor die Küchentür geführt, zu sehen kriegten, war das in höchstem Maß erschreckende nächtliche Großfeuer, welches an der Straße nach Freiburg zu die nebeneinander stehenden Heyschen Hofgebäude heimsuchte. Mich überfiel ein Zittern ohnegleichen und angesichts der ungeheuren Flammen ein Frieren zugleich, was sich wiederholte, als wir am andern Morgen die Feuerstätte besuchen durften und dort im Rest des Rinderstalles neben dem Haupthaus zwischen den vielen, vielen, wie mir schien entsetzlich aufgedunsenen Rinderleibern zu stehen kamen – ein Anblick des Grauens, ja der Feuerhölle, der aber dann in den nächsten Tagen doch von Besserem allmählich wieder abgelöst werden sollte, zumal die Zeit meiner Ängste und Bedrängnisse fürs Erste vorbei zu sein schien und auch niemand mich verklagt hatte.

Wenn es von den Eltern hieß: Ihr dürft mal mit nach Drochtersen oder auch nach Freiburg, so war ich nicht ausgeschlossen und ließ mich dazu auch nur zu gern ins ‚neue' Zeug stecken.

Mit größtem Vergnügen und viel Geschrei war ich dann selbstverständlich auch dabei, wenn es im Haus oder draußen galt, mit den Geschwistern das halb schauerliche Spiel von der „Mutter Marie" aufzuführen, ein Spiel, oder szenisches Spielchen, das eine geradezu dramatische Handlung hatte und nicht oft genug wiederholt werden konnte. Da hatte eins der Mädchen oder an besonderen Tagen sogar unsere Mutter, wenn sie sich zu unserer laut beschrieenen Freude mal dazu hergab, die Mutter Marie darzustellen. Auf diese gingen wir, sozusagen in Ängsten und schon mit Fluchtgebärden truppweise zu und fragten schuldbewußt: „Mutter Marie, was machst du da?" – „Ich stricke." – „Für wen?" – „Für meinen Mann." – „Wo ist er denn?" – „Im Garten." – „Was macht er da?" – „Pflückt Stachelbeeren." – Worauf wir mit ein paar Schritten rückwärts schon die Worte hervorstießen: „Mutter Marie, dein Mann ist tot!" – „Wer hat das getan?" – „Wir alle!" Und schon stob, während die Mutter Marie ihr Strickzeug beiseite zu legen hatte, der Trupp auseinander, um sich zu verstecken. Eine wahre Fackel des Zorns und des Gerichts sprang ja jetzt auf, uns zu verfolgen, was vielleicht vom Spiel das Schönste war!

Waren die Reigenspiele, die mir schon deshalb gefielen, weil sie zu singen waren, wie „Ringel, rangel, Rosen, schöne Aprikosen, Veilchen und Vergißmeinnicht, alle Kinder setzen sich“, harmloser, so klang es schon wieder dramatischer, wenn es hieß: „Wir wolln mal in den Garten gehn und wolln das böse Tier mal sehn! Die Uhr schlägt eins, es kommt noch nicht – die Uhr schlägt zwei, es kommt noch nicht, – die Uhr schlägt drei, es kommt!!“ Oder gar: „In China ist es bös / wenn da mal ein Chines / gestohlen und stibitzt, / bumms wird er aufgeschlitzt“, wozu wir einen messerähnlichen Stock oder Knüppel dann immer schnell zur Hand hatten.

Es kam selten vor, daß unser Vater dabei zusah. Er war eigentlich nur für die Kleinsten zuständig, selbstverständlich für die erwähnten Knieschaukellieder wie: „Farken steken, Wüste maken, een lüttje Wuss in'n Ketel kaken, anner lüttje Wuss seggt ‚Quiek'!“ Oder auch: „Dar kümmt 'n lüttje Muus, de boot sick 'n Huus, dar kümmt 'n lüttjen Flauh, de maakt: Ssühsau!“ Ihm schien es auch Spaß zu machen, wenn sein Görenvolk unten am Tisch mit dem Teelöffel auf leere Eierhüllen (etwa zu Ostern) eindrosch und laut dazu rief: „Büchsen, Degen, Pulverslägen, alle Türken doot!“ Mit Behagen sah er zudem zu, wenn die lange Kinderreihe, für die Nacht angezogen, eins hinter dem anderen im Kreis umhermarschierte, dabei jeweils den Hemdschlitz des Vorangehenden anfassend, und dazu sang: „Die Reise geht ins Bett, Bett, Bett – da ist es ja so nett, nett, nett!“ Unsere Abzählreime dagegen durfte er nicht zu hören kriegen, wie zum Beispiel: „Eeine, meeine Mittje, keein mag Tittje? Dei mag ick neeich, dei magst du!“ Oder auch: „Eeine meeine Minkmang, keein maukt Stinkstang, den mauk ick neeich, den maukst du!“ Hätte er mich beim Hersingen oder Herbeten solcher für mich sehr beliebter Verse erwischt, so wäre es mit der scherzhaften Anrede „Herr Heinze vom Kontor“, die er ausnahmsweise für mich wohl mal bereit hatte, vorbei gewesen. (War das etwa ein Zitat aus einer Operette der damaligen Zeit? Von den Onkeln aus Bremerhaven mitgebracht? Wie kam er bloß dazu?)

Selbstverständlich im übrigen, daß wir auch unsere Störche besangen, wenn auch bloß mit den kurzen Versen: „Äbär Uder, bring mir ’n lüttjen Bruder“, oder „Äbär, Ester, bring mi ’n lüttje Swester!“ Genau genommen war es dafür aber ja jahreszeitlich gesehen, längst zu spät. Und war es in der Tat nicht so, daß die nach uns kommenden Schwestern alle sozusagen mit der Ankunft der Störche geboren worden waren? Da gab es bei uns doch nur Geburtstage im März oder April! Nun, inzwischen war es ja wieder mal Spätsommer, wenn nicht Herbstanfang geworden, und die Jungstörche hatten nicht nur ihre zappelig wirkenden Flugübungen auf dem Nest hinter sich, sondern waren bestens flügge geworden, wußten sich schlank übers Dach hin in die Luft zu schwingen und zogen hoch überm Dorf stundenlang ihre Kreise, eigentlich nur die Spitzen ihrer Flügel bewegend, weit über Land und Meer schauend, wie es schien, – ein immer wieder bestauntes, wunderbares Bild! Nein, diese Störche, und wenn sie auch für die Mutter gefährlich sein sollten, hätte ich niemals verfolgt! Dies um so weniger, als uns gesagt wurde, daß sie für ihr Nest oben auf dem

Wohnseite des Hamelwördener Pfarrhauses mit Elbblick

Dach sogar sowas wie Miete bezahlten, daß sie etwas opferten als Mitbewohner des Hauses. Und wirklich hatten wir einmal ein Ei, und einmal sogar einen noch nackten toten Jungvogel an der Giebelseite des Hauses, unten vor der großen Dielentür, gefunden.

Nicht lange allerdings, und wir schauten vergeblich nach ihnen am Himmel aus; sie hätten immer die richtige jahreszeitliche Witterung, wurde uns gesagt, und wenn sie abzögen, würde es Herbst werden.

Diese Jahreszeit aber brachte es mit sich, daß es für mich eine Zeitlang wieder vorbei war mit der freundlichen Anrede „Herr Heinze vom Kontor“. Gehörte denn etwa der Deich nicht zur Marsch! Die Verführung kam von den Eltern selbst. Da hieß es doch einmal bei Tisch fast nebenbei, daß Hochwasser in der Elbe zu erwarten sein, von der väterlichen Studierstube aus bereits wahrzunehmen. Wir durften da oben aus den Fenstern gucken, und wirklich sahen wir das hinterm Deich auflaufende schäumende Wasser, ein ebenso unerhörter wie verführender Anblick! Ich konnte nicht widerstehen.

Als mir kurz danach eine sogenannte ‚Slöp', ein Schlickschlitten, vor Raths Hofausfahrt begegnete und als ich erfuhr, daß der Knecht damit zum Deich wollte, um da gestrandetes Holz und vor allem ein abgesoffenes Rind wegzuholen, gab es für mich kein Halten mehr. Ich durfte wahrhaftig aufsteigen, durfte zum ersten Mal in meinem Leben das schleifende, schmatzende Geräusch der Holzkufen auf dem glitschigen Marschboden in den Ohren haben. Ich fuhr also mit, wenn auch von den Hufen des vorantrabenden Pferdes immer wieder wässerige Schlickflocken auf mich und mein Zeug herabregneten. Aber was war das schon gegenüber dem Eindruck der geradezu ozeanischen Wasserflut vom Deich her! Von der Elbe, dem alten Fluß dort, war nichts mehr zu sehen. Leider hatte der Knecht keinen Blick für das alles! Wir fuhren ein Stück den Deich entlang, und da war auch das abgesoffene Stück Vieh, da war auch die Stelle, wo er seine Slöp etwas ins Wasser zurücksetzen und das tote Tier hinaufziehen konnte! Allein, ich konnte nicht mit zurückfahren! Er fand für sich noch ein paar Balken, die er aufzuladen hatte, und fand überdies noch zwei Schafe, von denen eines noch soviel Leben zeigte, daß er meinte, es neben sich halten, es sozusagen in den Arm nehmen zu müssen.

Den gut zwanzig Minuten langen Schlickweg vom Deich zum Dorf zurück mußte ich also zu Fuß bewältigen, denn nur an wenigen Stellen war Gelegenheit, sich hinten an der Slöp festzuhalten. Zudem rutschte ich einmal noch ab und fiel hin; Gott sei Dank an einer Stelle, die Graswuchs hatte und also nur naß war.

Daß ich dann kaum wagte, mich ins Haus zu schleichen, kann man sich denken. Zu meinem Glück begegnete mir im ‚Roten Gang' als erster Hausbewohner unser Kleinmädchen namens Minna, und die nahm sich meiner in ihrer Güte und ihrer Verständnisbereitschaft wirklich so weit an, daß wenigstens mein Gesicht, meine Hände und meine Knie allmählich vom schlickigen Schlamm befreit wurden. Zum Abendbrot fiel ich nur mit dem üblichen Dreck am Zeug und dem üblichen Schlickgeruch auf, wurde indessen doch so dem Vater präsentiert, worauf ich diesmal, dem Himmel sei Dank, mit einigem Ohrgezupfe und -gekneife davon kam. Unvermeidlich aber dabei der Satz: „Na, warte man, wenn du erst zur Schule mußt!"

Als es aber am nächsten Tag für die ganze Familie hieß, man wolle trotz des starken Windes sehen, zum Deich zu kommen und das Hochwasser, das noch weiter gestiegen sei, in Augenschein nehmen, war ich natürlich wieder dabei. Für die Füße mußte man sich allerdings schon halbwegs grasige Stellen am Wege oder die Wegmittelstreifen aussuchen, wenn man nicht stecken bleiben wollte. Für mich war es, nebenbei bemerkt, ein Spaß, zu beobachten, wie unser Vater unsere Mutter zu stützen bemüht war, wie er selbst auf den Handstock gestützt schwerfällig rutschend dahin ging, wie er seinerseits seine Mütze festzuhalten, die Mutter ihrerseits aber immer wieder die langen Röcke um die Knie zu schlagen hatte.

Auf dem Deich angekommen, entdeckten wir allsogleich auf einem der Weidenbaumstümpfe inmitten der großen Wellenfläche einen Hasen sitzen, was mir den unbedachten Ausruf entlockte: „Der war da ja gestern noch gar nich!“, worauf ich aber, als ich aller Augen auf mich gerichtet sah, schnell hinzufügte, „Hat Rath sein Slöpenknecht gestern jedenfalls nix von gesagt.“

Es waren noch mehr Leute auf dem Deich. Das Wasser war ‚gewachsen', es stand schon etwa einen Fuß unter der Deichkappe, und also war es bequem, dies und das aus den Wellen zu greifen. „Strandgut“, wie man es hier nannte, was allerdings zur Hauptsache aus Balken und Planken bestand. War aber nicht in der Elbmündung ein Dampfer untergegangen? Und hatte der unter anderm nicht Spielzeug geladen gehabt? Nun, daß ich mir diesmal nasse Stiefel holte, oder, wie wir sagten ‚einen Nassen' nahm man mir nicht übel, denn ich konnte wahrhaftig eine angeschwemmte Zelluloidpuppe aus dem Wasser ziehen, welche meine Mutter, so naß und wasserschwer das Püppchen auch war, mit einem kleinen Freudenjuchzer in die Hände nahm. Wir sahen an diesem Tage kein Schiff auf der Elbe, die sich als Strom auch wieder nicht zu erkennen gab. Einzelne Bäume standen verlassen in der Wasserwüste. Wir konnten auch, nach rechts hin auf der Wischhafener Süderelbe kein Fahrzeug der kleineren Art dort von Fischern oder Altländer Obstbauern entdecken. Ansonsten habe ich von diesem Hochwassertag nur behalten, daß der Vater, der Herr Pastor, beim Abendgebet den lieben Gott um gnädige Hilfe bei aller Not am Hamelwördener Deich bat.

Die Puppe aber setzte unsere Mutter dann auf eine Tasse, und siehe da, als man oben und unten an passender Stelle in das Zelluloid eine kleine Öffnung gestochen hatte, ‚klöterte' das salzige Wasser sehr vernehmlich in die Tasse hinab. Bis Weihnachten war sie dann verschwunden.

Im übrigen war es nun doch Herbst geworden. Unvergeßlich deshalb die Stunde der Dämmerung, wo eines der Küchenmädchen sich zu uns ins Kinderzimmer zu setzen hatte, um uns Äpfel zu schälen und zuzuschneiden. Ich selbst hatte bald heraus, welche Äpfel aus unserem großen Obstgarten die schmackhaftesten waren. Die herabgefallenen Goldparmänen, Gravensteiner, Prinzäpfel und vor allem Gran-Richards blieben nie als Mäusefraß unter den Bäumen liegen, die gehörten mir und sonst niemand, dachte ich. Und die grünen Gran-Richards wußte ich selbst in der Dämmerung und im Düstern ganz in der Abgelegenheit und Einsamkeit des hinteren Teils vom Obsthof im Gras verborgen noch aufzustöbern, meine Füße fanden sie und meine Zunge wußte, warum! Am liebsten wäre ich tagsüber damals schon zum Apfelpflükken mit auf die vom Vater überwachten Leitern gestiegen, war aber ja noch zu klein. So blieb nur die Beobachtung, wenn die Obsternte sehr sorgfältig in Weidenkörbe gepackt und schüttelfest mit Sackleinwand für den Bahnversand zugenäht wurde. Daß dies alles einen Reichtum sondergleichen darstellte, wahrhaftig ein Stück Marschenparadies für Jungens und Deerns, sollte mir erst viele, viele Jahre später aufgehen.

Das Wort von der drohenden Schule blieb indessen immer über uns hängen, wenn sich uns dort vorerst, im Schulbereich mit Mutter und Vater Oels auch

Volksschule Hamelwörden mit den Lehrern Bruns und Ficken, ganz vorn die Zwillinge

eigentlich nur Freundliches zeigte. Einmal hatte es sich sogar ereignet, daß wir, Pastors Zwillinge, herbeigerufen wurden, weil die Schulklassen ‚aufgenommen' werden sollten. Ein Photograph mit riesenhaftem Photokasten war da, und vor der großen Schülerzahl, die hinter uns, immer eine Reihe höher als die andere, aufgebaut war, hatten wir uns hinzusetzen, natürlich im besten Zeug, und Tante Oels, die gute, hatte uns fröhlich lachend und vor Freude zwischendurch in die Hände klatschend, zwei ihrer Fußmatten als Sitzgelegenheit hergebracht. Und so saßen wir da, hervorgehoben sozusagen, wenn auch nicht zur Schule gehörig, so doch präsentierend und, wie es schien, sogar etwas selbstbewußt – war es eine vielversprechende kleine Vormusik für die Zukunft? Natürlich schien es uns so.

Erst aber war der Winter noch zu überstehen, und wenn auch unsere Kehdinger Marsch nirgendwo große Eisflächen, kaum auch Braken oder dergleichen aufzuweisen hatte, so gab es doch Eis auf den Gräben, und das Eis, hurra, hurra, hielt. Und wenn wir auch noch keine Schlittschuhe hatten, so schenkte es uns doch Bahnen zum Glittschen, und mit einem Mal gab es, seht doch bloß, keine Grenzen mehr zwischen den Höfen und den gewölbten Ackerbreiten. Überall hin konnte man laufen, sogar bis zum Friedhof, und war uns vordem der Einblick in das Innere der Hofstellen und auch auf deren intimere Bezirke mit ihren kleinen Hausgebilden über den Gräben verwehrt gewesen, so hatten wir doch jetzt immer etwas anders geartete „Aborte“, „Pattermants“, „Abtritte“, „Tante Meyers“, „Schiethüüs“ oder „Lüttje Hüüs“ über den abseitigen Gräben vor Augen. Indessen betrachteten wir sie von unten oder von hinten und stellten immer neu, sozusagen wieder und wieder als kleine Naturforscher fest, daß sich das Eis unter diesen Aborten merkwürdig verfärbt zeigte, nämlich immer anders, mal braunbräunlich oder gelb-gelblich, und auch ins Grünliche gehend. Und der Frost war doch wirklich ein Künstler! Unter diesen lüttjen Holzhäusern an den Gräben, mit bekannter Sitzgelegenheit, ragten sozusagen verdunkelte Zuckerhüte aus der Tiefe empor, doch waren sie allesamt unten am breiteren Fuß braun, ja dunkelbraun, während sie nach oben hin heller wurden, um zumeist ganz oben ein gelbliches Spitzchen aufzuweisen. Bleibt zu erwähnen, daß an manchen dieser Stellen sehr viel Papier verbraucht worden war, an manchen wenig oder gar nichts, daß an einer Stelle aber Seiten aus dem Gesangbuch weggeweht waren. Davon aber erzählten wir zu Hause nichts. Gar zu gern hätte ich in diesen Tagen den hochherrschaftlichen Abtritt hinter dem Rathschen Haus am Hollerdeich (Augustenhof) mit aufgesucht, um dem lieben Herrn da von unten her aufzulauern und ihm ein paar Eiskluten an seinen nackten Hintersten zu schmeißen. Leider war das aber von uns zu weit weg. So mußte ich mir diese Genugtuung versagen. Dagegen nahm ich die Gelegenheit wahr, auch unsere Häuschen von ihrer Abseite her mal in ihrem winterlichen Aussehen zu betrachten, wenn sie unbesucht waren! Und da waren, wie nicht anders anzunehmen, *zwei* Aborte, doch einer offenbar wieder mit zwei Sitzgelegenheiten. Und wirklich, wir hatten ja zwei Häuschen nebeneinander, und in dem einen hatte ich doch im Sommer einmal neben dem Vater gesessen, und zwar auf dem niedrigeren Pattermant, dem für Kinder, während er auf dem richtigen, höheren, für Erwachsene saß. Daß er ziemlich behaarte Beine hatte, war mir dabei nicht entgangen, war doch mein Gesicht in Augenhöhe zu seinen Oberschenkeln. „Na, muß der Herr Heinze vom Kontor auch mal?" hatte er damals bloß gesagt. Jetzt sah ich im Graben unsere ‚Zuckerhüte', sozusagen seine und meine, aber selbstverständlich, daß der mittlere, den ich als den meinigen denn wohl bezeichnen mußte, sehr viel kleiner war. Von dieser Entdeckung erzählte ich anderntags aber nur Otfried und freute mich, daß er dann auch seinen Spaß an den Spitzbergen unter unseren „Tante Meyern" hatte.

Der Herr Winter hatte noch ein kleines Unglück für uns mit in seinem Sack. Wir hatten einen Kinderschlitten, und nur eine Stelle war zum Abwärtsfahren einigermaßen geeignet, die Wurtschräge unmittelbar hinterm Haus zum Wöhrdengraben hinab. Wir stritten uns viel dort um den einen Schlitten, aber wir schubsten uns auch, um in Schwung zu kommen. Und wieder war ich der Schuldige; schubste ich doch unsere kleine Mia auf dem Schlitten einmal so heftig, daß sie in voller Fahrt zum Wöhrdenheck hinabfuhr und mit dem Kopf gegen den eisigen Pfosten schlug, wobei ihre linke Augenbraue aufgespaltet wurde und sich sofort eine große Blutung ergab.

Aber wie gütig konnte doch unsere Mutter sein! Sie wußte nicht nur zu trösten, sondern auch zu helfen, sie hatte die richtigen Hände, die Blutung zu stillen, und kein Wort der Anklage etwa gegen mich! Eine kleine Patientin, und die sogar im Wohnzimmer, das war ein ungewohnt gutes und friedliches Bild! Es gab einen guten Abend. – –

Eine gewisse Genugtuung gegenüber dem reiterlichen Herrn vom Augustenhof am Holler Deich wurde mir sehr viel später und nach dem Winter dann in anderer Weise aber doch noch gegönnt. Da war es schon Frühjahr, und auf den Wöhrden gab es schon Gras, Gras für den Feierabend der Arbeitspferde vom benachbarten Rathshof. Ich hatte, gleichsam als Abgesang von den Tagen der „Großen Freiheit", eben vor Beginn der Schulzeit nämlich, die außerordentliche Freude, die Nachbarspferde mit auf die Weide bringen zu dürfen. Das war eine, vom Hofmeister her gesehen, völlig nebensächliche Angelegenheit, denn der kleine Pferdejunge allein hatte dies zu bewerkstelligen. Da wurde das erste Pferd rausgeholt, an einem Ring festgemacht, sodann das zweite an seinem Schwanz wieder angebunden, und so Pferd auf Pferd, bis sich eine lange-lange Reihe ergab. Dabei durfte ich schon mal mit zulangen, einen Streng hergeben, die Knüppeltrense am Kopf befestigen helfen und dergleichen, wenn es nicht zu hoch für mich war. Und durfte dann, was für ein Glück aber auch, wahrhaftig mit Kalli, dem Pferdejungen zusammen auf dem Leittier sitzend mit zur Weide reiten, die lange Kette also mit anführen. Der Ritt ging vom Hof aus, die Remontenstraße runter hinter der Kirche hin an Kaufmann Buck vorbei und rechts ab auf die Post und schließlich wieder rechts und links auf den Wegfährsgraben und also auf das Heck unserer Wöhrden zu. Natürlich gröhlte ich, und der geliebte Kalli stimmte wahrhaftig mit ein in das gewaltige Lied „Hopp, hopp, hopp, Pferdchen lauf Galopp. Über Stock und über Steine, aber brich dir nicht die Beine! Hopp, hopp, hopp, Pferdchen lauf Galopp!“ In diesem Augenblick aber geschah es, ich glaube beim Kaufhaus Buck, also so ziemlich auch vor dem Haus von Onkel und Tante Oels, daß ein Reiter uns überholte, der Herr Rath vom Holler Deich!! Aber was war der schon mit seinem Solo-Gaul, während wir die lange Kette hinter uns hatten! Tausend Hufschläge und mehr, eine Trommelmusik sondergleichen! Als er halb vorbei war, steckte ich ihm die Zunge raus. Schade nur, daß mich niemand von zu Haus zu sehen kriegte! Auch nicht, daß ich ohne Hilfe vom Leitpferd „abstieg“. Schade auch, daß niemand den Anblick mit genoß, den Anblick der plötzlich ohne Zaumzeug fast übermütig davonspringenden, hier und da auch auskeilenden Pferdemeute. „Dat is de Freeiheit!“ bemerkte

Kalli. Als ich etwas benaut hinzufügte: „Un Moundag mutt ick na Schaul!“, sagte er: „Sau’n Schiet!“, legt mir die Hand auf die Schulter und zog mich mit auf seinen Weg.

II.
Volksschule

Waren wir arme Leute? Man hätte es fast denken können, denn nicht etwa, daß man uns Kindern zu Haus eine Büchertasche oder gar einen Schultornister bewilligt hätte, wie bei einigen anderen Schulanfängern von den großen Höfen und wie bei den Töchtern vom benachbarten Ratshof festzustellen! – Wir waren auch weit entfernt, danach zu fragen. Was wir, mehr oder weniger unter den Arm geklemmt, am ersten Tag zur Schule trugen, waren lediglich die nackten Utensilien, nämlich Schiefertafel mit Schwamm und Wischlappen, Griffelkasten, Fibel und Rechenbuch – wozu allerdings von vornherein zu bemerken ist, daß ich, was die Schiefertafel anbetraf, zu der Schreibseite mit den vier Linien darauf ein halbwegs gutes Verhältnis hatte, zu der Rechenseite hingegen kein gutes – leider auch, mit veränderten Unterlagen, im späteren Schulverlauf nicht. Schon die Tatsache, daß es ein ‚Rechenbuch' fürs Rechnen gab, konnte einen ja bange machen!

Mit einer gewissen Würde, so kommt es mir vor, marschierten wir an jenem Vormittag des Jahres 1908, selbstverständlich ohne Begleitung und ohne Anweisung, von unserem Pfarrhof über den Marktplatz, am Kirchturm vorüber auf die Straße, dann auf den leer wirkenden Spielhof, rechts ins Schulgebäude und zur

Haus und Familie des benachbarten Schusters Brandt in Hamelwörden, um 1910

Tür links hinein. Man hatte uns offenbar erwartet, denn in der zweiten Reihe, unten vor der Tafelwand des Klassenraumes waren für uns Zwillinge vorn zwei Plätze freigehalten worden. Wenn ich auch voranging, so schob ich Otfried doch erstmal in die Bank hinein, kam also selbst, als könnte es gar nicht anders sein, auf den Platz Nummer eins zu sitzen – das erste und einzige Mal in meiner gesamten Schulzeit. Im übrigen war festzustellen, daß die Drohungen der ‚Großen' von wegen „Warte man, wenn du erst zur Schule mußt!" nur leere Drohungen gewesen waren, denn vor jedem Platz lagen, ssüh mal ssüh, drei ‚Bontschen'. Und halbwegs bekannte Gesichter sah man doch auch sofort, zum Beispiel unseren Spielkameraden Didi Brandt, den Sohn unseres vielbeschäftigten Schusters aus dem gemütlichen, halb versteckten kleinen Haus hinter Raths Hof im ‚Alten Dorf‘. Dazu auch die eine kleine, sympathische Rathstochter mit Namen Gundula. Und der junge Lehrer schien überhaupt aus lauter Freundlichkeit zusammengesetzt zu sein. Fibel und Tafel brauchten wir zunächst nicht. Er meinte, die sollten wir man erstmal unter den Bankdeckel schieben und morgen nur Tafel und Griffelkasten mitbringen.

Er schien uns auch schon zu kennen, hatte unsere Namen und Vornamen alle im Kopf und wundervolle Überraschungen für uns vorbereitet. So wußte er, wie es mir schien, gewaltig große Bilder vor uns aufzurollen, die er an der schwarzen Wandtafel aufhängte. Und nicht nur das, er brachte es fertig, uns anhand der Bilder zum Sprechen zu bringen, sogar die Plattdeutschen unter uns. Er zeigte mit dem langen Stock (nein, das war keiner für Hiebe, wie zu Haus!) auf einen kleinen Vogel über einem Futtertrog und wies nicht zuletzt auf das dazugehörige Pferd. Und schon sagten wir alle, wie im Chor, immer wieder den einen Satz: „Das Pferd hat einen langen Schwanz“, und lächelnd schien er zufrieden, wenn auch fast alle nur sagten: „Das Feerd hott einen langen Swans“, und wenn einige erstmal gar nichts sagten, bis sie bei der letzten Wiederholung dann doch die Lippen mit bewegten. In dieser ersten Stunde schien ihm das zu genügen. Dann kam ja auch die Pause, die erste Spielpause meines Lebens, von der aber eigentlich nicht mehr zu sagen ist, als daß die anderen beiden Lehrer, der wohlbeleibte Herr Bruns von der nächstfolgenden Klasse und der ältere, der Onkel Oels von den ‚Großen‘, in besonderer, fast gnädiger Weise von uns Kenntnis nahmen. Als Onkel Oels mich fragte, ob es mir denn gefalle,

Volksschulklasse in Hamelwörden mit dem Lehrer Bruns – die Zwillinge in der vordersten Reihe

antwortete ich keck: „Oh ja, und das Feerd hott einen langen Swanz!“

In der nächsten Stunde wurde uns zu meiner Freude wahrhaftig wieder ein Bild und sozusagen eins aus einem Bilderbuch von zuhaus präsentiert, aber diesmal mit einem längeren Vers dazu. Kannten wir den nicht schon? Es war ein Frühlingsbild, wenn man so wollte, ganz in unsere nachösterliche Zeit passend, ein Bild mit jungen Vögeln im Nest. Und Jungens wie wir waren auch darauf zu sehen. Die halbwegs bekannten Verszeilen aber hießen, von der Vogelmutter sozusagen zu uns her gesprochen:

„Knabe, ich bitt dich, so sehr ich kann,
O rühre mein kleines Nest nich an!
O sieh nicht mit deinen Blicken hin!

Es liegen ja meine Kinder drin,
die werden erschrecken und ängstlich schrein,
wenn du schaust mit den großen Augen herein."

Schön und bunt war das große Bild dazu! Der junge Lehrer sagte den Text uns auf und meinte vielversprechend, wenn wir größer wären, könnten wir es auch Lesen und aufsagen und sogar aufschreiben.

So viel vom ersten Schulmorgen.

Als es am nächsten Tag keine Bontschen gab, meldete ich mich, um das zu bemängeln. Tags vorher waren die „Großen" mit ihren Schuldrohungen doch Lügen gestraft worden, und heute? Mir scheint, ich hatte von diesem Augenblick an bei dem jungen Lehrer einen kleinen Minuspunkt in seinem Register, aber immerhin kriegten wir alle noch *einen* Bontschen, von Kaufmann Buck eiligst rübergeholt.

Dann aber ging es an die Schiefertafel, worauf ich eigentlich schon gewartet hatte. Wir lernten, ein „i" zu schreiben, was so viel hieß als „auf, ab, auf", und zwar mit dem Griffel auf der Tafel, schön im mittelsten Feld der vier Linien und mit betontem „Ab-Strich". Daß der liebe Otfried es besser konnte als ich, ärgerte mich, doch hatte ich meine Hand allmählich dann doch so weit in der Gewalt, daß auch ich ein „i" fertigbrachte, und sogar eine ganze Reihe davon.

Daß aber in der Schule und auch im freundschaftlichen Bereich von Onkel Oels nicht nur Sonnenschein herrschte, sollte ich in einer der nächsten Wochen und beim weiteren Fortschritt im Abc erfahren. Zum ersten war es so, daß ich unserm Spielkameraden Didi Brandt den Griffel durchgebrochen haben sollte, was mir nicht bewußt war, was ich deshalb abstritt, und was dahin führte, daß wir in Streit gerieten und ich ihm das schlimmste Schimpfwort an den Kopf warf: „Du hascha Läuse!“ Danach prügelten wir uns weidlich, bis der junge Herr Lehrer auf Anweisung von Onkel Oels uns, die wir uns schließlich, ineinander verbissen, an der Erde wälzten, trennte. Die Folge aber war, daß mir eröffnet wurde, ich hätte meinen Sitzplatz mit dem meines Bruders Otfried hinfort zu tauschen. Mit anderen Worten, ich war „einen nach unten gekommen“.

Das Zweite hing mit der jüngsten Raths-Tochter, der kleinen Gundula, zusammen, die mit uns ja in eine Klasse ging. Wir waren dort, bei den Raths, seit einigem als kecke Besucher bis zu den vornehm ausgestatteten Plüschräumen vorgedrungen und hatten uns im Wohnzimmer mit den immer weiß gekleideten Töchterchen, und vor allem mit deren Spielzeug, angefreundet. Schöne Buntstifte, die der kleinen Gundula gehörten, hatten es mir vor allem angetan. Daß mir einmal vorgeworfen wurde, ich hätte eine Nippesfigur auf dem Vertiko zerbrochen, ist, weil bloß von der Frau Rath zur Entschuldigung ihrer Töchter erfunden, nur nebenbei zu erwähnen! Von den Buntstiften aber steckte ich mir – leihweise – eine Anzahl in die Tasche, um damit Gutes zu tun, wie ich dachte. Schon immer waren mir die hohen kalkweißen alten Grabsteine mit ihren ebenso großen wie unbegreiflichen Inschriften bei der Kirche gegenüber der Schule gleichsam ein Dorn im Auge gewesen. Man hatte sie, wie mir schien, einfach vernachlässigt, wenn nicht verkommen lassen. Ich machte mich also eines Tages nach der Schulzeit daran, die erhabenen oder eingegrabenen Buchstaben Stück für Stück mit Gundulas Buntstiften farbig auszumalen, – in Gelb, Rot, Grün und Blau –, zu meinem Unglück nach der Straßenseite, also zu den Oelsschen Stubenfenstern hin. Ich fand das schön, verjagte mich aber doch sehr, als an einem der nächsten Tage der „liebe“ Onkel Oels geradezu ergrimmt auf mich zukam und von mir wie von einem Angeklagten vor Gericht das Geständnis verlangte, ich sei der Täter. Ich gestand, eigentlich in dem Bewußtsein, kein Übeltäter zu sein, mußte dann aber erstens erleben, daß die Tante Oels sich auch erbost zeigen konnte, und daß mir zweitens ein Eimer mit heißem Wasser, eine Handbürste und ein Putzlappen in die Hand gedrückt wurden und daß ich „nachsitzen“ mußte, das heißt, daß ich vor aller Öffentlichkeit, ich allein und sonst niemand, die Grabsteine von ihrer Schandfarbe nach den Schulstunden zu befreien hatte, und das, ohne mich zu fragen, ob ich auch zu spät zum Essen käme. Ich schrubbte und wischte und hatte eigentlich nur einen Schmerz dabei, daß ich währenddessen, wie sonst wohl, mit den herunterhängenden starken Zweigen der Traueresche dort nicht von einem Grabstein zum andern hinüber schaukeln konnte.

Es war darüber hinaus ein ereignisreiches Jahr! Es wurde gesagt, man schriebe jetzt 1908, und sollte es in einem dieser Jahre nicht einen Kometen geben? Von dem hatten wir ja aber keine Ahnung! Im übrigen brachte das Jahr üblicherweise Gutes und Schlechteres. Eines Tages hieß es, es war schon im Mai, die Dragoner und Husaren kämen. Und war es schon ein Erlebnis höchst besonderer Art, die Soldaten aus den angehängten Kreisbahn-Viehwagen rausklettern, in langer Linie antreten zu sehen und eine Reihe von sehr lauten und energischen Belehrungen und Kommandos in strammer Haltung mit anhören zu müssen (unter anderem: „12 Pfennig gibt es pro Tag und pro Kopf!“), so wurde die Sache noch aufregender, als wir erfuhren, daß auch wir im Pastorenhaus Einquartierung bekommen würden. Oh nein, die Herren Offiziere wohnten in Dohrmanns großem Gasthaus, gegenüber der Kirche, unser Heuboden aber stand einigen Soldaten unter Führung eines Unteroffiziers, wie wir erfuhren, zur Verfügung.

Es war ein Sonnentag, der uns sodann am nächsten Vormittag präsentierte, was uns schon lange vordem mit den seltsamen Namen ‚Remontemarkt‘ und ‚Remontierungskommission‘ ans Ohr geklungen war. Ein gesellschaftliches Ereignis offenbar, denn selbst unsere Mutter begab sich, höchst sonntäglich bunt gekleidet und mit Sonnenschirm sowie größtem Hut geschmückt, mit einem ihrer jungen Mädchen zusammen dorthin, um unter den Kirchenbäumen mit anderen ebenso festlich gekleideten Damen auf vorbereiteten Parkbänken etwas erhöht Platz zu nehmen. Und siehe da, sie saß neben der weißgekleideten vornehmen Frau Rath! Von dort war die rot gepflasterte, heute aber mit hellem Sand bestreute Straßenstrecke vor dem Rathsschen Hof mit seiner zierlich durchlöcherten Ziegelmauer bestens zu übersehen. Hier nämlich ging das Schauspiel des Remontemarktes vor sich, das heißt, daß hier vor großem Publikum, vor Offizieren und Gästen des Landes Kehdingen, mit Landrat, Herren der Regierung und Polizei immer wieder junge Pferde vorgeführt wurden. Die Lehrer schienen nicht zugelassen zu sein. Den besten Platz aber hatten natürlich wir

Wohn- und Wirtschaftshaus des großbäuerlichen Nachbarn Rath in Hamelwörden, um 1910

Jungens, lagen wir doch auf der anderen Seite des breiten Chausseegrabens, da vor Raths Hof im Gras und im Löwenzahn, also mit dem freiesten Ausblick auf das Pferdemanöver vor uns, mit Bemerkungen, Pfiffen und heimlichen Zurufen für Pferd und Pferdelenker natürlich nicht sparend. Ein schönes Bild das Ganze, trabende dreijährige Pferde, trabende, lenkende Rekruten im hellen Drillichzeug, schmucke Offiziere und ‚Veterinäre', und noch schmuckere Damen! Gekrönt aber war eigentlich für mich das Ganze mit der Feststellung, daß der Herr Pastor von Hamelwörden, unser vollbärtiger Vater also, bei den Offizieren stand, daß er sich sogar Bemerkungen zu machen erlaubte und daß sein goldener Klemmer in der Sonne besonders hell blitzte.

Was war das aber gegen die Tatsache, daß sich die große Dielentür in unserem Pastorenhaus schon längst aufgetan hatte, um einen Teil der ausgemusterten jungen Pferde als Hausgäste in Quartier zu nehmen. Wieviele es waren? Der Unteroffizier neckte uns, indem er in seinem andersartigen Hochdeutsch sagte, wenn wir die Pferdeäppel zählten und die Somme durch siebene oder achte teulten, dann hätten wir vielleicht die Zahl der Remonten auf unserer Diele raus. Otfried meinte natürlich, es ausrechnen zu können, ich selber zählte lieber die Schwänze der Gäule, mußte dabei aber feststellen, daß der Satz vom ersten Schultag hier nicht zu stimmen schien, denn von einem *langen* Swanz konnte bei keinem der Dreijährigen die Rede sein. Was mir auffiel, war die ganz andere Sprache dieser Soldaten. Der eine nannte die braune Ziege, die wir da an der Diele hatten, eine Geis und sie sei kurz vorm „Kalben". Habe ja schon Milch im Titt, und die Schweine nannte er „Sweune"!

Ich hätte mich gar zu gern mit diesen Leute wegen ihres völlig anderen Zungenschlags länger unterhalten, mußte es aber erleben, daß sie schon anderntags abgerückt waren. Vor Tau und Tag, lange vor Beginn der Schulzeit mußte das vor sich gegangen sein, und so waren wir um eine schöne, schöne Abwechslung ärmer. Vielleicht hatte die Kreisbahn einen Extrazug zur Verfügung gestellt und duftete nun – anstatt nach Obst – nach Pferden? Nur unsere Diele hatte eine Zeitlang noch den guten Pferdeduft. Und doch – hätte man mich damals gefragt, was ich denn werden wolle, so hätte ich nicht zur Antwort gegeben: „Husarengeneral", sondern ganz bescheiden: „Kutscher".

Eine Kutschfahrt jedenfalls sollte dafür sorgen, daß uns der beglückende Pferdgeruch denn doch noch mal

Pferde vom Remonte-Markt werden in die Kreisbahn verladen

einen ganzen Tag lang um die Nase wehte. War es in den Pfingstferien oder später? Ein sommerlicher Ausflug zum Dobrock jedenfalls war geplant, mit dem Kutschwagen, und keine geringeren Pferde als Odevoss und Schimmerun wurden dazu angespannt, und Tante Olga fuhr mit und die große Paula, und die Sonne schien, und ganze Körbe mit Butterbroten und ersten Kirschen und Äpfeln, noch vom letzten Jahr, wurden aufgeladen, und wir – wir durften mit!! Auf Fußbänken sitzend, halb unter dem Knieleder verborgen und zu Füßen der Damen durften wir die Fahrt mitmachen, die natürlich nur den einen Fehler hatte, daß wir nicht neben dem Kutscher sitzen durften. Der aber war niemand anders als einer meiner Freunde von Raths Hof, der Hofmeister dort namens Wiebusch, Unkel Wiebusch, wie ich ihn anzureden pflegte.

Von der Fahrt ist zunächst nur das eine zu berichten,

daß wir in Basbeck-Osten an die neue, hohe, da zu bewundernde Schwebefähre kamen, die wir Schwefelfähre nannten und die mit diesem Namen in unserm Gedächtnis haften blieb, daß die Pferde dort scheuten, und sogar unser Vater eines mit Unkel Wiebusch zusammen an den Kopf nahm und es mit sanften Schlägen an den Hals beruhigen mußte. Daß wir dann von der Marsch auf die Geest und sogar in Waldgebiete kamen, ging uns nicht auf. Es war ja auch so, daß unsere Kutsche eine singende war, daß ein Lied, von fröhlichen Menschen gesungen, das andere ablöste. Und wenn Mutter etwa anstimmte „Oh, du klarblauer Himmel, und wie schön bist du heut, möcht ans Herz gleich dich drücken vor Jubel und Freud", dann stimmte, ssüh mal ssüh, auch Vater mit ein, wenn er auch längst nicht so schön singen konnte wie Mutter. Doch „Alle Vögel sind schon da" konnte auch er! Darüber hinaus gab es aber auch Lieder, die wir schon mitsingen konnten, wie zum Beispiel: „Hänschen klein, ging allein in die weite Welt hinein". Und fuhren wir nicht in die weite, weite unbekannte Welt hinein? Hin und wieder stimmte auch Vater dann mal ein Lied an, wie zum Beispiel „Vöglein im hohen Baum" oder aus seiner Studentenzeit: „Von allen den Mädchen so blink und so blank gefällt mir am besten die Lore". Was die hohen Töne unserer singenden Mutter aber anbetraf, so wäre vielleicht zu sagen, daß wir, oder ich, sie sogar noch übertrafen.

Unkel Wiebusch sagte nach der Heimkehr, so eine musikreiche Kutschfahrt habe er in seinem Leben noch nicht erlebt. Inzwischen aber waren wir auf dem Dobrock gewesen, hatten die ersten Bickbeerbüsche unseres Lebens gesehen, das heißt, die ersten blühenden, auch ein paar überwinterte Bickbeeren in den Mund gesteckt, im übrigen die Proviantkörbe im Waldesschatten mit leergemacht, hatten zugesehen, wie Odevoss und Schimmerun versorgt wurden, hatten auch gesehen – wie sollt' es uns auch entgehen –, daß die Damen sich bisweilen im Walde diskret ins Unterholz zurückzogen und daß unser Kutscher sich eine Zeitlang ‚langmachte' zu einem Mittagsschläfchen. Und Waldmärchen wurden dann auch erzählt, wie zum Beispiel „Rotkäppchen und der Wolf", wobei unser Vater es aber nicht unterlassen konnte, auf den Ungehorsam dieses Mädchens hinzuweisen.

Bei der Ankunft zu Haus gab es eine Hiobsbotschaft, wie die Mutter es nannte. Die „Geis" hatte gelammt, was wir aber in ihrem Stall zu sehen kriegten, waren blutig zerrissene kleine Reste von Ziegenlämmern. Von wem zerrissen, von Ratten, von Mardern? Das riesige Haus mit dem gewaltigen Heuboden war groß genug, solch Getier zu beherbergen.

Ich meinte, es untersuchen zu müssen.

Dazu ist nachzutragen, daß wir nicht mehr in der gemeinsamen Schlafkammer mit den Mädchen zusammen neben dem Elternschlafzimmer schliefen, sondern – ausquartiert – in einer kleinen Kammer neben dem Hühnerstall (von der Mädchenkammer aus zu erreichen), in der sich ein großes Bettgestell, eben für zwei Knaben befand. Über diese Kammer hinweg ging merkwürdigerweise ein schräg liegender Schornstein. Und immer wieder hörten wir nächtliches Getier über uns, das mit ziemlichem Geräusch die Schornsteinschräge hinabrutschte. Es gab also Marder oder ähnliches Raubzeug unter unserm Dach, Raubzeug, das sich an unseren Ziegenlämmern vergangen hatte! Ich lud die Nachbarskinder zu einer Treibjagd im eigenen Haus bei uns ein, versorgte sie mit Knüppeln, Harken, Forken und Spaten und wußte sie wirklich auf die dunklen Zwischenböden über den Wohn- und Schlafzimmern, auf die düsteren Hillen auch und an die noch düstereren Oken zu locken. Wir stachen in jedes mögliche Nest hinein. Doch kam es letzten Endes nur dazu, daß wir mit viel Geschrei immer wieder durch die Bodenluke in den unten liegenden Heuhaufen hinabsprangen, ein Spiel mit der Gefahr, das sich bei schlechtem Wetter noch oft wiederholen sollte. Von dem blutgierigen Raubzeug freilich fanden wir keine Spur.

Als wollten sie sich an uns rächen, schickten die uns aber ihre blutsaugenden kleinen Abgesandten in unsere Kammer neben dem Hühnerstall und in unser Bettgestell hinein. Eine Flohplage sondergleichen überfiel uns, und wenn der Vater listig auch meinte, wir sollten die Flöhe man einfach umdrehen, damit sie ins Hemd bissen, die Plage wurde größer und größer. Als wir eines Nachts weinend unsere Zuflucht bei den Eltern suchten, stand unsere Mutter auf, nahm die kleine Petroleum-Nachttischlampe und leuchtet unsere Bettstatt ab. Die Folge war, daß wir für eine Nacht heimgeholt wurden, das heißt, daß ich zu Mutter ins Bett kam und Otfried zu Vater. Und wir wurden diesmal nicht als Übeltäter hingestellt, vielmehr berichtete Mutter anderntags, sie habe in ihrem Bett morgens noch über ein Dutzend Flöhe gefangen. Es wurde dann, wie wir hörten, ein Pulver ins Bett und in die

Fußbodenritzen gestreut, womit die Plage halbwegs aufhörte.

Nicht so gut kam ich davon, als ich mich auf einem späteren Jagdzug mit einer Mistforke bewaffnet und mir zum Abschluß beim energischen Wegstecken der Forke mit einer Zinke durch den Fuß gestochen hatte. Vielleicht war es so, daß ich bloß mal wieder zur Mutter ins Bett wollte? Gewiß gab es etwas Blut und zur Nacht auch etwas Schmerzen. Vater aber sah sich den Fuß gar nicht erst an. Er meinte, anstellen sei's halbe Leben, und ich hätte Glück gehabt, hätte ja die Zinke offenbar zwischen die Zehen gezielt. Mutter war etwas gnädiger, sie drückte einen kühlenden Verband, vermutlich mit essigsaurer Tonerde, auf die, wie ich behauptete, schmerzende Stelle, gab mir sogar ein Küßchen und brachte mich wieder zu Bett. – Ein ander Mal freilich gab sie mir eine schallende Ohrfeige, als ich mir eine Bohne spielend ins Ohr hinein gefummelt hatte, und als sie die mit einer Haarnadel nur mit Mühe wieder rausholen konnte – und das auf dem Weg zum Bahnhof, als wir also wie immer irgendwie eilig zum Zuge mußten.

Der Sommer war sehr groß, könnte man beinahe mit dem damals schon bekannten Rilke sagen. Da waren wir eines Sonntagmorgens von unserm Zweitmädchen, der guten Minna, auf dem Wege zu Raths plötzlich zurückgerufen worden. Um Gottes Willen dürften wir dort nicht in die Tür, denn der Herr Rath sei in der Nacht gestorben. Dies ist als Vorbericht zu erwähnen, denn wir erfuhren an sich nicht viel von diesem Ereignis und von all seinen Begleiterscheinungen, aber doch soviel, daß die Mutter, wie Klein-Gundula sagte, nicht zu trösten sei, – mit gutem Recht, wie wir später erfuhren, denn der Gutshof lag unter dem damals noch gültigen Gesetz des Fideikommiss, wonach niemals eine Frau den Hof in Verwaltung kriegen durfte. Sie mußte also abziehen, zumal sie keinen Sohn hatte.

Trost also für die Mutter! So sagte Gundula, als ich sie in jenen Tagen hinter den Wöhrden an einem Kornfeld traf. Aber es war trotz des hellen Sonnenscheins eine verhängnisvolle Begegnung! Sie wollte etwas Tröstendes für die Mutter suchen, nämlich ein Feldblumensträußchen, Kornblumen, so blau wie das Kleid, das man ihr angetan hatte. Ich glaubte, ihr helfen zu müssen, doch nur am Ackerrand fanden sich einige wenige der blauen Kronen. Es war ja ein Weizenfeld. Weiter drinnen aber waren Kornraden zu sehen, die schönen roten Blumen, die so lockend waren und sich doch so selten nur blicken ließen.

Es ist wie eine Geschichte. Auf einmal sind sie mitten im Weizen, Gundula und der Knabe. Die Trauer scheint vergessen, ein Lächeln gleitet über das Gesicht des Mädchens, die Blumen locken und locken, und kaum nehmen sie's wahr, wie die schweren, fast reifen, fast goldenen Ähren über ihren Köpfen nicken und nicken, und daß ein wahrer Wald um sie her ist, ein Wald von noch grünlichen und schlanken Halmen, und daß es streng riecht – nach ungemähtem Korn, ach, nach einer unbekannten, fremden, nie erfahrenen, fernab liegenden Welt, nach einem Land zudem, das doch eigentlich verboten ist, dem Mädchen verboten und dem Jungen verboten! Sie wissen es, denn wer wagte es schon, in ein Kornfeld einzudringen. Wird denn damit nicht eine Art Heiligtum verletzt? Das täte doch nicht mal der Didi Brandt, der Schusterssohn aus der Kate hinter Raths reichem Haus! Aber sie hier, sie wagen es, weiter und weiter vorzudringen, irgendetwas zieht sie vorwärts, so unheimlich es auch ist. Rundum ist ja auch nichts mehr zu sehen, sie sind ja, am Korn gemessen, viel zu klein, nur noch Halme, nur noch Stengel haben sie vor den Augen und über sich, hohes Korn, viel höher als Sechsjährige sein können, und auch die Blumen sind rar geworden. – Sie kommen ins Hasten, immer mehr geht es ihnen auf, daß verboten ist, was sie da treiben. Der Junge spürt, wie ihm das Herz klopft, er möchte das Mädchen festhalten, möchte ihm ins Gesicht sehen und sieht doch nur, daß auch der Puls da vor ihm stärker ist als sonst, viel stärker! Wann hätte er sonst darauf geachtet? Wo, Gundula, wo gibt es denn hier noch einen Weg hinaus, einen Weg über einen Graben, wenn's sein muß, und wann hört das auf, dieses unaufhörliche Sichauftun und Wiederschließen – in diesem Wald von halb reifen und reifen Halmen! Angst lauert hier, er sieht es auch der Gundula an. Und schon treten sie in ihrer Unrast, der Sohn eines Pastoren, der um das tägliche Brot betet, und die Tochter eines Landwirts, der das Gottesbrot gesät hat, auf die immer wieder geknickten Halme. Zur Angst aber gesellt sich das Schuldgefühl. Sie glauben sich schon verloren in dem lähmenden, spukhaftigen Korn-Allerlei, da ist es, als ob sich der grün-goldene Schleier lichten wolle – ans Ende des Feldes, an einen breiteren Graben und an den grünen Deich sind sie geraten. Auf dem Deich aber, sehen sie richtig? Über ihnen und emporgehoben gegen den Himmel sozusagen steht ein Mann, ein riesiger Mann, der augenscheinlich schon lange nichts anderes zu tun hat, als sie zu betrachten und zu beobachten. Ein Riese muß es sein, ein Riese aus dem Märchenbuch. Oder ist es gar einer von Raths Tagelöhnern? Ist es etwa der große Klaus von Bargen, den sie kennen und der sie kennt? Zurück also in die Verborgenheit des hohen Korns, zurück unter die dichte Decke der verbergenden, fast goldenen Ähren! Wieder knacken die Weizenhalme unter ihren Füßen, wieder jagt sie die Angst, bis sie endlich, endlich das Gatter erreichen, das Gatter, das sie aufnimmt, das Gatter hinter den heimatlichen Wöhrden. Wo aber sind die Blumen geblieben? Mit leeren Händen, als würden sie verfolgt von einem Spuk, schleichen sie sich davon, kein Wort kommt ihnen über die Lippen, ohne sich umzublicken gehn sie auseinander, sie, die Gutes hatten tun wollen und doch Böses vollbrachten.

So weit die Geschichte. – – –

„Wenn ich groß bin, heirate ich dich, um dich zu trösten. Und deine Mutter auch!" Hatte ich ihr das nicht nachrufen wollen? Oder war das nur noch eine Begegnung im Traum. Da aber hatte sie doch ein weißes Kleid angehabt, im Korn aber ein dunkles, blaues! Ich konnte es ihr nicht mehr sagen, auch in der Schule nicht, denn schon war, mit vier Pferden bespannt, ein riesiger Möbelwagen vor dem Rathshof vorgefahren worden, schon war die für mich immer weiß gekleidete Familie mit Gundula und der größeren Schwester abgereist, und verwaist und unfreundlich grüßte hinfort das hohe Marschen-Gutshaus mit seinem hochragenden weißen Giebel nach den Kirchbäumen, zur Kirche selbst und zum Pastorenhaus hin. Für

Der helle Giebel von Raths Hof

mich jedenfalls war es so, um so mehr als jetzt ein anderer Herr dort seinen Einzug gehalten hatte, ein gestrenger Herr Rath mit Spitzbart, Junggeselle noch dazu! Selbst die Knechte gingen dem immer und überall Kontrollierenden aus dem Weg, und wir mußten feststellen, daß gewisse Pfade und Plätze, zum Beispiel die Kastanienallee mit den schönglänzenden Früchten darunter auf der Weide vor dem Rathschen Haus neuerdings zum verbotenen Teil des Gartens Eden gehörten. Die Welt war kahler geworden.

War sie's nicht auch in der Schule? War es nicht so, daß mir die Schule einen guten Teil meines immer schönen Nachmittags weggenommen hatte? Schon gab es ja Schulaufgaben, schon hieß es in der kahlen Kinderstube am Eßtisch eine ganze Tafel mit kahlen „k"s vollzuschreiben, und noch schlimmer, auf der Rechenseite „Rechenkästen mit „2 und 3 ist 5" vollzumalen, während doch draußen die Birnen reiften, und während doch auf dem Rathshof die immer sehr schnell fahrenden Wagen für die Rapsernte mit den großen Laken fertiggemacht wurden. Wie gern wär ich doch dabeigewesen, und nur gegen Abend gelang es manchmal noch, von hinten auf einen der Wagen zu springen, um am nächsten Morgen in der Schule dann zu erfahren, daß Otfried seine Arbeiten wieder mal besser gemacht habe. Ein Glück, daß Vater und Mutter sich wenig darum kümmerten, und auf der Tafel war alles ja schnell wieder weggewischt.

Doch gab es ja dann Herbstferien, und wenn der große Rathshof nur noch prachtvolle Türen mit verschlossenen Gesichtern zeigte, so blieben die der kleinen Leute für mich doch niemals verschlossen. Allein der Weg zu Schuster Brandt oder zu Mutter Langehans auf dem Klütjenblock, unserer Waschfrau, war doch eine Freude, und wie gern trat man in die kleinen

Haustüren, wie gern ließ man sich bei Schuster Brandt vom Leder- und Pechgeruch umfangen. Noch schöner, weil geheimnisvoller, aber war es bei Heini Hölting, dem jungen Schiffer, der rechts vom Marktplatz an dem mit Kopfsteinen gepflasterten Weg zur Post hin, allein und verlassen, wie uns schien, in einer kleinen Backsteinkate wohnte. Ich weiß nicht, was mich zu ihm trieb, noch weniger, wie ich es eigentlich wagen konnte, zu ihm, dem Fischerknecht oder was er war, in die Tür zu treten.

Eines Nachmittags aber saß ich, es muß im Herbst gewesen sein, bei ihm in der Küche. Unruhig war ich, denn ich mußte mich, wie gesagt, immer wieder fragen, wie ich bloß hierhergekommen war. Nur auf der Kante des Schemels wagte ich zu sitzen, durfte ich doch eigentlich nicht hier sein. Hatten sie zu Haus, und besonders unter den Mädchen in der Küche, nicht von einem Tunichtgut gesprochen, von einem ungeratenen Bestmann, von einem Strandräuber gar? Und ohne Widerstreben hatte ich mich doch mitlotsen lassen, um so eher, als man von ihm sagte, seine Behausung sei wie ein Schiff und nur die Bullaugen fehlten! Ich mußte es sehen! – Da stand er am Herd, gemütlich breit und in seinem vollen Gewicht stand er da und braun wie ein Bär, denn auch an Land trug er neben den Manchesterhosen seinen mit Kastanienblättern gefärbten braunen Busseruntje. Hier also war sein Zuhause; niemand sah ihm auf die Finger, sein Essen bereitete er sich selbst und dies wiederum, wie er sagte, wann es ihm paßte, und in Töpfen, die an die Flammen geschoben werden mußten. Erstaunlich! Dabei hingen Messing- und Kupfergrapen prahlend wie in der Kombüse eines Dreimasters oben an der Wand! Ich sah es, ja ich mußte ihm an diesem Nachmittag auf die Finger gucken, ich konnte wahrhaftig kein Auge von ihm lassen. Mit einer großen Gabel schob er jetzt einen Topf an die brennenden Weidenbündel, die einen strengen Duft verbreiteten. Ganz anders war doch hier alles als bei uns zu Haus, nie geahnte Lichter in aller Dämmerung! Und der Rauch – wie sichtbar war er hier in dieser altmodischen Küche, und wie eilig hatte er's, in dem schwarzen Kamin wie unter einem breiten Rock nach oben hin zu verschwinden. – Ja, alles war seltsam hier, alles und alles, vor allem aber der Heini Hölting selbst, der da, an seinem Herd hantierend, kaum ein Wort sprach, sondern nur vor sich hin summte oder pfiff. Jetzt fiel er sogar ins Singen. „Keine Kauhle, keint Feuer kann brennen sau heißt, als heimlichte Liebe, von der niemant wat weißt"? sang er, die Weise seltsamen zerdehnend, was ich aber gar nicht mal so unschön fand.

Es war gesüßte Buttermilch, was er am Feuer gehabt hatte. Er setzte den Topf auf die kühlere Herdkante, legte zwei Löffel daneben und machte eine Bewegung zum Zulangen. Nachdem er probiert hatte, meinte er aber: „Noch to heiit!" „Wullt maul Vaugelaugen seihn?" fragte er dann und zog mich, indem er mir die Hand in den Nacken legte, über einen dunklen Flur tiefer ins Haus hinein. Ich dachte zwar „Ich muß nach Haus!", doch schmeichelte die Hand, das Herzklopfen wurde weniger und setzte doch verstärkt wieder ein, als wir in die Stube kamen. War es wirklich die eines Strandräubers? Glänzende Schiffsdinge ringsum! Und war dies das Böse hier, von dem die Hausmädchen gesprochen hatten? Er zog eine Schublade auf und ließ Augen auf den Tisch kollern, Glasaugen, Vogelaugen in allen Farben und Größen. Ich dachte noch, diese großen dunklen Perlen, sind das nicht die des Rotkehlchens? Kennst du die nicht? Aber dann sah ich die Wand in dieser Stube und war verwirrt, die Wand – war sie nicht aufgelöst, war es nicht eine in sich selbst bewegte Wand? Mit Staunen sah ich, daß sich hier Vogelkäfig auf Vogelkäfig türmte bis hoch hinauf, und daß alles voll zuckenden Lebens war. Da schwirrte und sirrte, ziepte und piepte, flatterte und stob es, während der schwergewichtig dicke Heini Hölting grinsend dastand, und während er mir seinen Daumen an den Hals schob, um im tastenden Schmiegen, so meine Erinnerung, den Daumen zwischen Kragen und Hals hin- und herkreisen zu lassen. „Muß mir noch einen Vogel fangen!“ sagte er mit seltsam vertiefter Stimme dabei. Ein paar Zaubernamen brachte er noch über die Lippen: „Fleeigensnapper, Blau-Ackersmann, Kort-Jann-inn'n Tuun, Boumhacker“, dann erinnerte er sich der Suppe in der Küche, nahm schnell noch ein gerahmtes Bild von der Wand und zog mich an den Buttermilchtopf. Ich nahm wahrhaftig einen Löffel voll zu mir, und ich kann nicht sagen, daß es mir nicht geschmeckt hätte. Dann zeigte er mir das Bild. „Tjä, door kickste, wat? Von mien Kapitänsfrouns.“ Von Wachs sei dies gemacht, fast so bunt wie all die andern in der Stube da in Öl. Aber alle in Mahgoni gerahmt! „Alltohoup von strandte Schäpen. Dreei Stück! Wullt mal mit?“

Ich hatte wahrhaftig auf seinen Knien gesessen. Merkwürdigerweise wollte er dann immer wieder wissen, ob wir beim Schreiben in der Schule schon beim großen „P“ angelangt seien. „Hest ’n groten oder lüttjen P.“, wollte er wissen. Ich ließ mich hinreißen, ihm zu verraten, daß ich in der Schulbank sitzend einmal einen großen gehabt hätte, aber nur ganz kurz. Dann aber sprang ich auf. Nein, hier durfte ich nicht bleiben! Und konnte doch nicht widerstehen, als er mir noch ein gerahmtes Bildchen unter den Arm schob. „För Jaue schöine Minnau!“ sagte er und fing wieder an zu singen: „Wenn’s die Suldauten dorch die Stadt merschieren, öffnen die Mädschen Fenstern und die Türen,“ sang er, und sang das Lied ein paarmal und so eindringlich, daß ich’s nicht vergessen konnte und auch noch stehen blieb.

Natürlich kam ich zu spät nach Haus und hatte, zum Hungern verurteilt, eine ziemliche Strafpredigt anzuhören. Als ich der „Minnau“ später das Bildchen mit einem Gruß von Heini Hölting überreichte, gab die Gute mir zwar schnell ein paar Löffel Buttermilchsuppe (und die schmeckte, weiß Gott, nicht ganz so gut, wie bei Heini Hölting. War sie da etwa mit Honig gesüßt?), das Lied aber sang ich ihr am nächsten Tag, als sie beim Putzen der Petroleumlampen am Küchentisch stand, erst vor. Und siehe da, sie schien das Lied zu kennen, sozusagen im Marschschritt zog sie den Lampenputzer im Lampenzylinder auf und ab. „Öffnen die Mädschen Fenstern und die Türen.“ Dann flüsterte sie mir zu: „De Äbär is door!“ Ich verstand sie nicht. Als wir zum nächsten Mittag aber aus der Schule kamen, hieß es, wir hätten ein Schwesterchen gekriegt. Und ein Weilchen später führte unser Vater uns in das Elternschlafzimmer, zeigte auf einen Kinderwagen, der da stand und bemerkte: „Hat euch auch was mitgebracht.“ Merkwürdigerweise ist dies das Einzige, was ich von jenem Ereignis behalten habe: Apfelsinen lagen zu Fußende der neuen kleinen Schwester. Apfelsinen, die ersten, je im Leben gesehenen! Daß der gute Otfried am Tag vorher zu meiner Überraschung vom Vater eine schallende Ohrfeige bekommen hatte, weil er auf seinem Schemel sitzend im Kinderzimmer immer wieder mit den Armen riesige Kreise beschreiben und lauthals gerufen hatte: „Mutter ist so dick!“, habe ich behalten und höre es noch klatschen. Gott sei Dank war aber diesmal er es, der Vaters Zorn erregt hatte.

Es muß vielleicht ein ganzes Jahr später gewesen sein, als wir, was das A–B–C anbetraf, schon längst bei den großen Buchstaben angekommen waren. Wir übten auf der Schiefertafel das große K, und unser Lehrer, Herr Ficken, wußte eine Geschichte dazu. „Bald wird dieser Buchstabe in voller Größe über euch am Himmel erscheinen. Merkt euch das, dann kommt nämlich, für euch alle sichtbar, der vorausgesagte Komet, K-o-m-e-t! Ich male ihn euch hier an die Tafel. In den kleinen Buchstaben könnt ihr es schon schreiben. Nun schreibe ich das große K darunter. Dann werdet ihr es nie vergessen.“

Ich muß schon einigermaßen sicher im Schreiben gewesen sein, denn als der Komet über dem Kehdinger oder Hamelwördener Moor dann wirklich und gut sichtbar am Himmel erschien, soll ich gesagt haben: „Das schreib ich mir aber auf’n Zettel, das mit’n Kometenschwanz oder -schweif an’n Abendhimmel, wo sogar unser Vater mit hingegangen is!“

Hamelwörden – Inneres der Kirche

Zauberte das Jahr uns so aber Außerordentliches und eigentlich Riesengroßes vor die Augen, so sparte es andererseits, neben dem Schwesterchen Annameta auch nicht mit Geschenken intimeren Charakters. Siehe da, unsere Kirche hatte sich den Winter über in eine Werkstatt verwandelt, und zwar, viel anziehender und schöner als sonst, in die einer Bildhauerwerkstatt. In den rätselhaft rundlichen, halb vermoderten Ständerstücken vom Kirchenboden, auf denen wir sonst mit den Füßen rumtrampelten, hatte man Heiligenfiguren entdeckt, hatte diese vom Boden heruntergeholt und Fachleute hergerufen, um sie ins rechte Licht zu setzen, ihnen ihr altes Gesicht, ihre alte Form, ihre alte Farbe wiederzugeben. Steckte unser Vater vielleicht mit dahinter? So oft hatte die Kirche ihn selbst als Pastoren doch kaum gesehen! Für uns aber wurde das geheimnisvolle neue Leben dort selbst wahrhaftig anziehender als alle Kinderspiele und etwa das Leben auf Raths Hof oder in Heini Höltings Schifferkate mit all seinen undurchsichtigen Reichtümern. Viel zu gern standen wir und sahen den aus der Stadt hergekommenen Männern und Kunsthandwerkern zu, wenn sie sich mit Beil und Säge, mit Stahlbürsten, Meißeln, kleinen Hobeln, Pinzetten, Schmirgelpapier und Zollstöcken an den toten Holzklötzen betätigten. Wunderbare Verwandlungen, ja Auferstehungen, waren da in der Tat zu beobachten. Wer hätte denn auch jemals gedacht, daß sich in einem unansehnlich zertretenen Klotz vom Kirchenboden letztlich eine zarte Maria verborgen hielt! Wir durften es miterleben und ich vergesse es nie, wie einmal einer der Bildhauer, ein älterer Mann schon, einen zarten bogenförmig gearteten Meißel im Gesicht der Mutter Gottes ansetzte, um ihr Antlitz mit einem schmalen Nasenloch zu verbessern. Mit Bewunderung sah ich auch, wie er hernach die Nasenflügel mit Schmirgelpapier zarter zu machen, wie er auch den Wangen dann belebtere Schattierungen zu geben wußte. Und nicht etwa, daß er dabei irgendwelche Vorlagen gehabt hätte. Er mußte einfach alles im Kopf haben, Vorstellungen frommer Art, wie ich dachte, und wie wir sie nicht kannten. Woher hatte er sie nur?

Für uns konnten diese Arbeiten da in der Kirche, mit Johannes, Heiligem Georg und Maria, gar nicht lange genug dauern! Schließlich kam aber doch der Tag, als wieder andere Leute erschienen, um die Holzfiguren mit leuchtenden Farben zu versehen, mit Inschriften auch am Kleidersaum, usw.

Es muß in der Passionszeit gewesen sein, als der

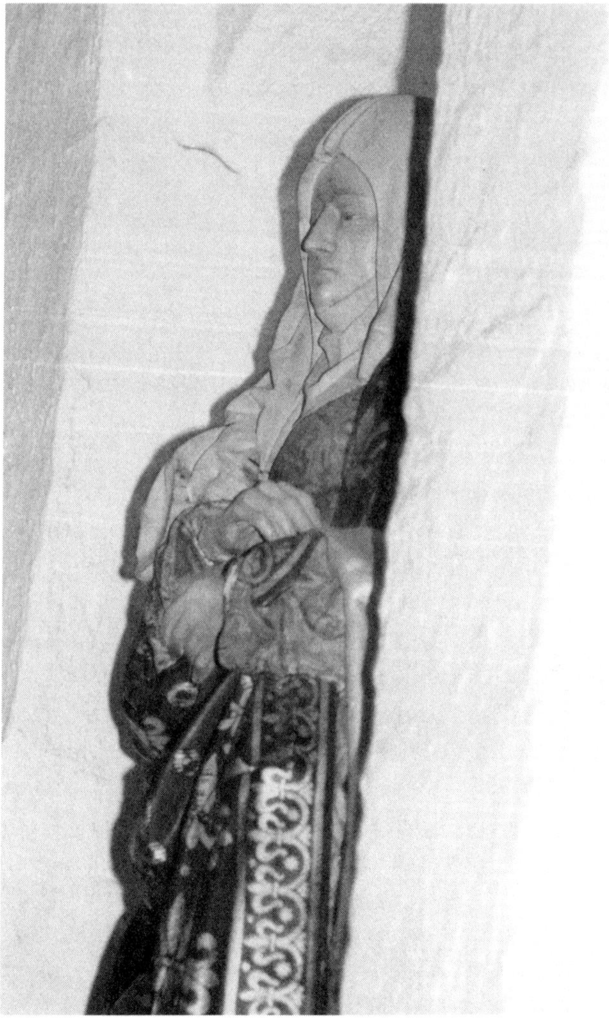

Maria in der Kirche zu Hamelwörden nach der Restaurierung etwa 1910. Foto: Dieter Gerdes

St. Georg in der Kirche zu H., ebenfalls nach der Restaurierung um 1910. Foto: Dieter Gerdes

erste Gottesdienst in der mit diesen Heiligenfiguren neu geschmückten Kirche stattfand. Ich habe es deshalb so genau und mit allen Einzelheiten im Gedächtnis behalten, weil erstens unser Vater krank wurde, und also der Pastor aus Krautsand ihn zu vertreten hatte, ein Prediger mit so mächtig schreiender Stimme, daß es mir schien, man habe als sündhafter Mensch im Gottesdienst den Höchsten wirklich anzuschreien, weil aber zweitens Choräle gesungen wurden, deren Texte mich im wahrsten Sinne des Wortes erschütterten, so sehr, daß ich Mühe hatte, still zu bleiben. Wie sollte es auch nicht so sein, wenn da mit bewegender Melodie zu singen war (und ich konnte es ja auch schon lesen): „Ein Lämmlein geht und trägt die Schuld der Welt und ihrer Kinder / es geht und büßet in Geduld die Sünde aller Sünder; es geht dahin, wird matt und krank, ergibt sich auf die Würgebank." Und weiter, was ich vom Schafschlachten her doch kannte und mir besonders gut vorstellen konnte: „Man schlachtet ihn als wie ein Lamm, macht Herz und Adern fließen." Und mußte ich denn nicht auf mich beziehen, auf alle meine persönlichen Übeltaten und heimlichen Vergehen, wenn an anderer Stelle als beichtende Antwort auf die Frage „Wer hat dich so geschlagen?" zu singen war: „*Ich* bin's, *ich* sollte büßten an Händen und an Füßen gebunden in der Höll; die Geißeln und die Banden und was du ausgestanden, das hat verdienet meine Seel." –

Die Erinnerung an diese peinvolle Passionsandacht, die ich sehr wörtlich nahm und mit voller Empfindung durchkostete, ist indessen für mich immer und speziell mit Hamelwörden verbunden, denn niemals habe ich vergessen können, wie es mich in den blauen Bänken dieses großen Kirchenraumes damals geschüttelt hat. Oft habe ich mich später gefragt, ob dies die wahre und österliche Botschaft der Kirche sei. Wie hilfreich und erquickend war es doch, und erst recht in einem Pastorenhaus, daß auf einen Karfreitag dann die Ostertage folgten, daß man dann auch mal wieder lachen durfte, daß es Ostereier gab, einen Osterbraten und als Wichtigstes das Osterfeuer hinten auf den Wöhrden. Damit waren unsere Tage ja auch wieder in ihr altes Gleichmaß gerückt, zugleich aber, was die Schule betraf, in eine andere Schulklasse und vor einen anderen Lehrer.

Dieser, ein äußerst wohlbeleibter Herr, hieß Bruns, und ich hatte schon deshalb was für ihn über, weil er Geige spielte und seine liebste Unterrichtsstunde die Singstunde war. Im Eigentlichen aber ging es in dieser Klasse ums Buchstabieren. So weit waren wir also inzwischen. Unvergeßlich war dabei zunächst zweierlei: das Erste, daß wir immer im vollen Klassenchor die Wörter durchzubuchstabieren hatten, wie zum Beispiel „m-ü-t- (müt) t-e-r (ter) mütter, l-i-c-h (lich, mütterlich), wobei das el/i/ze/ha-lich zum Abschluß des Wortes fast wie eine Gebetsfloskel klang. Das Zweite aber war eine fast schreckliche Begegnung. Stand doch da plötzlich ein dunkel wirkender Mann mit Vollbart und langem Gehrock in der Tür, der zum Lehrer hin mit einer merkwürdig bekannten Stimme nur sagte „Machen Sie weiter“, der vor der Tür dann aber stehen blieb und der – Gott im Himmel – niemand anders war als unser Vater. Ich glaube, es war in der Religionsstunde, als dies geschah, und unser Herr Bruns hatte, ohne vom Pult aufzustehen, gerade den

Pastor Heinrich Adolf Schmidt mit Konfirmanden in Hamelwörden, etwa 1910

Gang nach Emmaus mit einigen der Großen aus den hinteren Reihen darstellenderweise nachvollzogen, als mich dies aus der Fassung brachte. Diese Stunde der kirchlichen Schulaufsicht ging aber sowohl an mir als auch an der Klasse und an dem Herrn Bruns gnädig vorüber, ja, ich hatte sogar Glück, denn mit der Rechtschreibung haperte es bei mir sehr. Ich konnte und konnte keine Wortbilder behalten. Wir hatten aber immer wieder Diktate zu schreiben, und zu meinem Unglück war es so, daß wir unsere Tafeln zum Anstreichen der Fehler mit dem Sitznachbarn zu tauschen hatten. Und der strich unbarmherzig an, was immer verkehrt war, das heißt, wenn das Wörtchen „ist" fünfzehnmal vorkam, so strich er es bei mir fünfzehnmal an, weil ich immer glaubte, es müsse mit schärferen „s", also „ißt", geschrieben werden. Neunzehn Fehler und mehr wurden dem Herrn Bruns von mir also manchmal gemeldet. Wenn ich mich recht besinne, wurde mir einmal deswegen auch die Hose stramm gezogen, was auf mich aber wenig Eindruck machte, weil nur im Sitzen vollzogen, also mit den väterlichen Hieben nicht vergleichbar.

Was hier aber so bedauernswert war, das konnte ich anderweitig mit meinem Singen wieder gutmachen. So weiß ich noch, daß wir die Lieder „Weißt du, wieviel Sternlein stehen" und „Ein Schiff streicht durch die Wellen, fidolin" zu singen hatten, und daß ich es mit der dicklichen Tochter des Ayeckeschen Ziegeleimeisters zusammen im Solo, d. h. zweistimmig, vortragen durfte. Irgendwann lernte ich damals auch das Lied: „Der Kaiser ist ein lieber Mann, er wohnet in Berlin, und wär es nicht so weit von hier, so ging ich heut noch hin". Wir sangen es nach der Melodie „Üb' immer Treu und Redlichkeit" – wobei mir sogar die erste Stimme anvertraut wurde. Darüber hinaus stellte ich schon damals fest, daß es auch ein inneres Singen geben konnte, daß ich schon am frühesten Morgen mit einer in mir schwingenden Melodie aufwachte, wozu dann auch Choräle wohl gehörten, aber auch böse Abzählreime oder von Heini Hölting aufgeschnappte Straßenlieder wie „Wenn die Suldauten dorch die Stadt merschieren" oder dergleichen, die das Tageslicht, wie ich in meinen kindlichen Ängsten dachte, nicht gerade zu sehen brauchten. Aber es sang in mir, und ich sang, wie erwähnt, gern und viel, und nur einmal wurde ich von dem Herrn Bruns getadelt, weil ich in einer Choralmelodie den halben Ton nicht treffen konnte, – woran ich aber ganz unschuldig war, denn nichts anderes als ein verstimmtes Klavier stand uns, wie später festzustellen, zu Haus zur Verfügung. Besonders schön war, über das Singen hinaus, der Naturkundeunterricht bei „Onkel" Bruns. Dies deshalb, weil er dann einen der Großen zu sich nach Haus schickte, um seine immer zahme Katze zu holen. Anhand dieser wurde die tierische Naturkunde alsdann vorgenommen, vom zärtlichen Knurren bis zu dem Augenblick, wo sie ihre Krallen zeigte, von der rauhen Zunge, von den witternden Schnurrhaaren im Gesicht bis hin zu dem nervös Beute meldenden Schwanz.

Daß wir nicht uninteressante Klassenkameraden unter uns hatten, ist nebenbei zu vermelden. War doch da einer, Sohn armer Eltern aus einem Tagelöhnerhaus an der Straße nach Freiburg, der durchaus nichts behalten konnte, im Aufsagen und Schreiben hoffnungslos versagte und der doch, Ferdinand Kröhnke, glaube ich, hieß er, im Rechnen allen überlegen war. Also auch mir.

Eines Tages war es dann soweit, daß wir, Otfried und ich, in unser besseres Zeug gesteckt, beim Onkel Bruns die Abgangszeugnisse von der Volksschule für die Rektorschule in Freiburg an der Elbe in seinem Haus abzuholen hatten. Zwar störten wir dortselbst bei einem häuslichen kleinen Privatkonzert mit Klavier und Geige, doch wurden uns dann feierlich, wie ich's empfand, die Zeugnisse mit besten Wünschen für die weitere schulische Zukunft in die Hand gedrückt. Ein Unterschied in der Wertung unserer Leistungen war damals offenbar noch nicht festzustellen. Jedenfalls sagte mein Vater damals noch nicht zu mir: „Du kannst Schäfer werden!"

III
Rektorschule

Selbst bei genauer Betrachtung wäre von mir nicht zu sagen gewesen, daß von einem hübschen Bengel die Rede sein könnte. Das stellten auch die Spielkameraden immer wieder fest, wenn sie zum Beispiel damit herausrückten, ich hätte eine Schnute, auf der ein Schock Tauben Platz nehmen könnte.

Nun, das hinderte unsere gute Mutter nicht daran, mich und den Zwillingsbruder Otfried hin und wieder so nett wie möglich zu bekleiden, erst recht nicht, als die Zeit heranrückte, da es immer bedrohlicher hieß: „Wartet man, wenn ihr erst nach Freiburg zur Rektorschule müßt!“ Fast hätte man damals sagen können: „Große Ereignisse werfen ihre Schatten voraus,“ denn nicht nur, daß wir bessere Schuhe brauchten, daß wir von der Mutter neu „benäht“ werden mußten, nicht nur, daß jetzt Schultornister und schrecklich befremdende Schulbücher für uns angeschafft worden waren, wir mußten sogar Schülermützen kriegen. Und zwar in Glückstadt! Das aber war nun geradezu etwas Wunderbares, eine Fahrt von Wischhafen und von der Süderelbe aus mit dem Dampfer „Kaiser Friedrich“ ein gutes Stück an der Insel Krautsand entlang und dann über die breite, breite Elbe bis hin zu der viel erwähnten, sagenhaft fernen und zweifellos märchenhaften

Stadt! Schon der Begriff Stadt ließ einen Dorfjungen von Hamelwörden ja verstummen!

Die Süderelbe kannte ich zwar schon, hatte ich mich doch mehr als einmal heimlich über ihre Abbruchkanten hinaus bis in ihre Schilfwälder hinein und ins schlickige Wasser geschlichen, hatte auch in mich aufgenommen, daß Ebbe und Flut diesem von Fischerkähnen, Ewern und Schuten hin und wieder belebten Elbearm ein immer anziehend wechselndes Bild gaben, besondsers mit den stackbuschbeladenen, und wenn manchmal die Flut hier allein und bis auf die Insel herauf regierte, dann aber wieder überm schlickig glänzenden Niedrigwasser eine immer wechselnde Vogelwelt zu bemerken war.

Jetzt ging es mit den Eltern an der kleinen Ewerwerft und an der Hafenkneipe vorbei zum Wischhafener Anleger hinab, der auf dem Hochwasser schwamm, und von dort auf das dampfende Eisenungetüm namens „Kaiser Friedrich". Alles neu, alles neu! Da ertönte zum Beispiel plötzlich eine Glocke auf dem Schiff, weit über das Ufer mit Werft und Hafenwirtshaus hin klingend, da sprangen Blaujacken heran, die Leinen von den Pollern zu lösen und hinüberzuschmeißen, da stieg plötzlich und immer prahlender eine Rauchfahne aus dem schwarzen Schornstein empor, und schon machte sich mit Poltern und Rauschen das achterliche Wasser am Schiff bemerkbar, den „Kaiser Friedrich" schwoiend in die Strömung zu bringen, – ach, es ging alles viel zu schnell! Schon sah man ja das Grün der deichlosen Marscheninsel Krautsand mit seinen fernab liegenden bäuerlichen Häusern auf den Wurten, mit seinen Kopfweiden und dem ersten weidenden Vieh, mit Pferden und Rindern vorübergleiten. Schon entdeckte man auch seltsame Vögel in Taubengröße am Ufer mit roten Beinen. Man wußte gar nicht, wo man zuerst hingucken und auf welchem Schiffsteil man sich am besten postieren sollte, vorn oder achtern? Schon aber war da auch wieder die Stimme des Vaters, die uns auf eine Bank mittschiffs hinkommandierte, denn jetzt komme man in das bewegtere Fahrwasser der richtigen Elbe, und da möchte er uns doch lieber unter seinen Augen behalten.

Wir hätten ganz besonderes Glück, bemerkte er etwas aufgeregt nach einiger Zeit, als wir schon auf der grau glänzenden Elbe waren; ein solches Schauspiel wie dieses jetzt werde uns im Leben so leicht nicht noch einmal geboten, unsern Platz auf der Bank mittschiffs hätten wir aber trotzdem auf keinen Fall zu verlassen. Es sei ja auch bemerkenswert, daß unser Dampfer bereits weniger Fahrt mache und Neigung zeige, sich völlig regungslos zu verhalten, bis – – –.

Er verstummte, denn auch er war anscheinend nur noch Staunen und Bewunderung. Das Schauspiel aber, das sich uns darbot, war die Begegnung mit dem Laeiszschen (?) Fünfmaster „Preußen“, der zwar mit kahlen Masten, aber doch mit einiger Fahrt die Elbe abwärts an uns vorüberzog, ein Bild, das sich mir in seiner zum Himmel aufragenden Höhe und Größe und mit den hin und her laufenden Matrosen unauslöschlich einprägen sollte, um so mehr als ich sehr viel später zu lesen kriegte, daß diese Fahrt in See, im Orkan ferner Ozeanfluten die letzte des stolzen Seglers werden sollte.

Mit etwas Verspätung liefen wir in den Glückstädter Hafen ein, wo sich das zu Bewundernde, das ‚Städtische' schon in den hohen Kajewänden offenbarte; wir mußten eine ziemliche Treppe zum Hafengelände mit den etwas zurückliegenden Schuppen und Lagerhäusern hinaufsteigen.

Von der Stadt Glückstadt nur so viel, daß die Eltern uns an die Hand nahmen, daß schmale Straßenzüge uns zum Marktplatz mit seinen großen Gebäuden führten und daß wir da, etwas an die Seite gerückt, auch die Kirche entdeckten, die mit ihrem Turm an eine Windmühle erinnerte. Das Pfarrhaus daselbst würden wir später aufsuchen. Zunächst galt es, in ein Kaufhaus für unsere Mützen zu gehen, was uns zugleich in die Nähe des Glückstädter Bahnhofs brachte. Daß ich dort nach geglücktem Einkauf ein Erlebnis besonderer Art hatte, muß ich erwähnen, weil es mir in geradezu unvorstellbarer Art und mit übergroßer Wucht unvergeßlich in die Glieder schoß. Und war doch nur, daß ein Personenzug mit seiner von mir noch nie gesehenen und, wie mir schien, gewaltigen Dampflokomotive in den Bahnhof einfuhr, doch so ungeheuer laut und mit neuartigen, technisch bedingten Geräuschen und alles ringsum erschütternd, daß es auf mich eine Wirkung hatte wie ein Schrecken der Hölle, ja, daß ich die Vorstellung hatte, das Ungeheuer sei nicht aufzuhalten. Ich zitterte am ganzen Leibe. Es war meine erste Begegnung mit dem, was man uns hernach als Technik oder auch als technischen Fortschritt zu erklären versuchte.

Der Schreck muß mir wohl noch in den Gliedern gesteckt haben, als wir dann in das Pastorenhaus kamen. Städtisch hatte ich es mir vorgestellt, also natürlich zur Wunderwelt gehörig, und fand doch im Innern nur sowas wie eine blasse Wiederholung unseres Hamelwöhrdener Pastorenhauszuschnitts, mit Kinderzimmer und sogar bloß mit Wachstuch auf dem Tisch und mit kleinem Garten. Kuchen hatte ich erwartet und sah vor mir zum Nachmittagskaffee nur Schwarzbrot, verzichtete also gern, etwas verschämt auch, als für die Kehdinger Gäste schließlich noch ein paar Kekse aufgetischt wurden. Und wenn wir uns eingebildet hatten, mit den Pastorenkindern dort hinterm Haus gewisse Versteckspiele unserer Art veranstalten zu können, so sollten wir uns auch da getäuscht sehen. Besonders das Fräulein Tochter dort, etwa in unserem Alter, schien von uns nichts wissen zu wollen. Nun ja, mit Deerns fertig zu werden, war eben so eine Sache. Immerhin aber brachten wir unsere neuen grünleuchtenden Schülermützen danach wie gewünscht nach Haus, waren also anerkannte Schüler der Rektorschule zu Freiburg an der Elbe.

Ein hochragendes Gebäude war das dort, wenn auch fürs erste nur beschwerlich zu erreichen, denn zu Fuß hatten wir, vom Winter abgesehen, die fast fünf Kilometer lange Strecke von Hamelwörden nach Freiburg, nicht weit vom Deich, unter den Obstbäumen hin und an abgelegenen Gehöften vorbei täglich hin- und zurückzulegen. Da half uns auch die etwas prahlerische Inschrift über dem Eingang nicht viel: „Hilf, Herr, laß wohl gelingen." Allerdings waren wir Zwillinge schon einmal da gewesen. Der in der Schule oben wohnende Lehrer, Herr Dreyer, hatte uns, aus welchem Grunde immer, zu sich eingeladen. Oder waren

Rektorschule zu Freiburg-Elbe

Zwillinge eben immer etwas Besonderes? Ziemlich verlegen, soviel weiß ich noch, stellten wir uns bei ihm ein, wurden aber noch verlegener, als es eine Art Krümelkuchen gab und als unser Gastgeber mit erhobenem Zeigefinger zu verstehen gab, krümeln sei nicht gestattet! Geradezu ängstlich blickte ich unter meinen Stuhl, um dort etwas überaus Glänzendes, niemals mit Krümeln zu Verunzierendes zu entdecken, was wir zu Haus in Hamelwörden durchaus nicht kannten, einen mit glänzendem Linoleum überzogenen Fußboden!

Eine freundliche Begegnung war übrigens vorweggegangen; ein gesellschaftliches Ereignis hatte an einem Sommertag eine größere Gästeschar zu uns in den Pfarrhof gezogen, wobei man uns, den Zwillingen, immer wieder begegnend, um das Rasenrondell im Blumengarten vor dem Haus gewandelt war. Darunter auch der Herr Dreyer, der sich einen Spaß daraus zu machen schien, uns immer wieder zu verwechseln. „Du bist Otfried, du bist Heinz!“ – „Nee! Umgekehrt!“ Was eben zur Folge hatte, daß wir zu ihm eingeladen wurden, damit er uns endlich auseinanderhalten könne.

Von dem sehr freundlichen Gastgeber von damals war allerdings im Alltag der Rektorschule dann kaum etwas übrig geblieben; er schien uns nicht mehr zu kennen. Wir hatten auch nichts mit ihm zu tun. Nur etwas später sollte ich mit ihm in weniger beglückenden Zusammenhängen in Berührung kommen. Unsere Lehrerin hieß Fräulein Umlandt. Ansonsten war da ein ungeheuer strenger und leicht aufbrausender Rektor, Herr Parisius, sodann noch ein älterer, angenehmer Herr Wesseloh, jüngere Herren namens Rückeis,

Hackländer, Ubbelode sowie auch weibliche Lehrkräfte. Eigentlich aber waren wir Hamelwördener Pastorenkinder immer unter besonderer Aufsicht, war doch da auch eine Lehrerin, die sich Fräulein Bockhoop nannte, die aber, bitte sehr, eine ältere Schwester unserer Mutter war, hinter der wir aber gern heimlich herlachten, weil sie, die ziemlich klein war, sich ausgerechnet die größte der Kolleginnen, ein Fräulein Mahler, zur Freundin ausgesucht hatte, um mit derselben würdevoll und in ernsthaften Gesprächen auf dem Schulhof auf und ab zu spazieren, beide natürlich äußerst sittsam mit Röcken angetan, die fast über den Erdboden hinschleiften.

Um diese Tante gab es übrigens unter uns Geschwistern oftmals Streit. In einem Blecheimerchen hatten wir ihr täglich eine Essensmahlzeit mitzubringen und konnten uns oft nicht einig werden, wer von Kilometerstein soundso bis Kilometerstein X den Eimer zu tragen hatte. Nicht selten, daß dieser allein und verlassen mitten auf der Straße stehen blieb, bis bei einem von uns, bei Paula, Rudi, Heinz oder Otfried, das Gewissen sich meldete, um das verflixte gelbglänzende Blechmonstrum an sich zu nehmen. Unterricht hatten wir Anfänger, Gott sei Dank, bei dieser gestrengen Tante nicht.

Natürlich gefiel mir von allen der Musiklehrer am besten, wenn wir auch, genau genommen, nur ziemlich läppische Lieder, auch frommen Inhalts wie z. B. „Judäa, hochgelobtes Land, und Bethlehem, geweihte Stätte“ usw. bei ihm lernten. Unvergeßlich ist mir indessen ein anderer Lehrer, den wir leider nur vertretungsweise kennenlernten, der uns aber gewissermaßen in jener Stunde einen ersten Einblick in das Gebiet der Literatur verschaffte, indem er uns ein Märchen der Brüder Grimm vorlas. Es war „Das Waldhaus“, in welchem bekanntlich ein langbärtiger Greis in seinem liebevoll herzlichen Verhältnis zu den Tieren geschildert wird. Die Verse „Schön Hühnchen, schön Hähnchen, und du schöne, bunte Kuh, was meint ihr dazu?“ lernten wir da unvergeßlich kennen, und wenn ich sage, daß dieses Märchen zeitlebens für mich das schönste von allen geblieben ist, ja, daß ich von da an immer lieber lesen lernte, so verdanke ich das jener Stunde in der Rektorschule zu Freiburg an der Elbe. Schade, daß ich den Namen des Lehrers nicht mehr weiß. War es ein Mann namens Wisth?

Es gab aber auch sonst, abgesehen von unserer Klassenlehrerin Fräulein Umlandt, die nur Sachliches zu kennen schien, angenehme Begegnungen, nicht zuletzt mit den Mitschülerinnen und deren Namen, wie Wanda Schulenburg und dergleichen. Von allen am besten gefiel mir eine pausbäckige, immer lustige Gertrud Boysen, die sich z. B. jedesmal totlachen wollte, wenn im Französischen neben „petit“ auch „petitt“ angsprochen wurde. Ich sehe mich noch in der Pause mit ihr am Tor stehen, wo ich ihr, weil sie auch gut singen konnte, ein viel belachtes Heiratsversprechen gab.

Damit hängt zusammen, daß ich mit ihr ein Erlebnis besonderer Art haben sollte. Es muß schon Sommer gewesen sein, und am Vormittag hatte ich beim Überspringen unseres Schulgrabens meinen Mut beweisen müssen. Da begab es sich, o Wunder, daß unsere gestrenge Tante Pauline, die Lehrerin, mit uns Zwillingen das Freiburger Schützenfest aufzusuchen beschlossen hatte. Hin und wieder zeigte sie sich ja als gebefreudige Verwandte. Und es begab sich darüber hinaus, daß wir das Tanzzelt in dem Augenblick betraten, als der Kinder-Schützenkönig Fritz Tripmaker, von der Rektorschule eben, mit Kette und Orden geschmückt zum Ehrentanz anzutreten hatte. Es begab sich aber auch, daß er als einen seiner mit großer Schärpe zu schmückenden Trabanten ausgerechnet mich erwählte. Und schon setzte die Musik ein, und da es damit für mich, den Schärpengeschmückten, hieß, eine Trabantin aufzufordern, schob mich meine Tante, als könnte es anders nicht sein, in die Richtung, wo die unter Gelächter mit mir versprochene frisch-fröhliche Gertrud Boysen stand. Die Tante mußte es aber erleben, daß ich stockte, dies um so mehr, als es von allen Seiten hieß: „Wie niedlich, wie niedlich! Und er will sie ja auch heiraten!“ Die Tante legte trotzdem liebevoll Gertruds Arm in meinen. Als ich aber verlegen von einem Fuß auf den andern trat, sagte sie: „Du hast doch Mut?“ – Wie, war denn auch dies eine Sache des Mutes? Sollte dies wieder eine Probe sein? Ich hatte es doch zur Genüge bewiesen bei dem Sprung über den Grenzgraben. „Doch“, sagte ich, „Mut hab' ich!“ Aber rühren konnte ich mich in diesem Augenblick nicht, um so weniger, als drüben einige Leute laut lachten und sich dabei vielleicht wieder an mein Heiratsversprechen erinnerten. Ich begriff nicht, daß die fröhliche Gertrud angesichts dieser Menschen freimütig mit mir reden konnte, daß sie vergnügten Tones sagte: „Komm, die anderen tanzen schon!“ Ich begriff auch nicht, daß die Tante Pauline geradezu böse wurde, daß sie fragte, was denn bloß in mich gefahren sei, und daß sie ungeschickt versuchte, mich nach der Musik mit meiner Tänzerin herumzudrehen. Ich mußte es mir schließlich gefallen lassen, daß die unverzagte Gertrud mich angesichts aller kecken Ermunterungen und immer lebhafteren Zurufen fester faßte, um mich, einen ungeschickten, ach, ganz und gar dörflich unbeholfenen kleinen Partner, wirklich in ihren Tanz zu ziehen. Natürlich gab es dabei wieder was zu lachen. Es entging mir nicht, daß eine laute Stimme rief: „Da sieht man doch, wer die Hosen anhat!“ – Wie aus großer Not erlöst kam ich mir vor, als die Musik aufhörte, als die Tante Pauline mich mit allen Zeichen einer überstandenen Blamage hinwegzog, als ich mir die Schärpe von der Brust reißen und sie Otfried an den Hals werfen konnte, und als wir uns vor einer Lebkuchenbude draußen dann friedlich kauend wiederfanden.

Dies allerdings fand ohne die immer zum Lachen aufgelegte pausbäckige Klassenkameradin statt, von der im weiteren dann doch zu sagen ist, daß sie keineswegs in Trauer oder Abweisung verfiel, sondern daß sie mir sogar kameradschaftlich zur Seite stand und mich durchaus nicht abschätzig betrachtete, als die Stunde kommen sollte, da der erwähnte Herr Dreyer an mir ein Strafverfahren zu vollziehen hatte. Wir hatten eine Hausaufgabe bei unserm Fräulein Umlandt aufgehabt, und ich hatte das Heft – ebenso wie Otfried übrigens (oder gar die Arbeit selbst) – zu Haus vergessen, und ich hatte mich bei betreffender Nachfrage auch dazu bekannt, während der gute und im Negativen niemals in Frage kommende Otfried lieber schwieg. Das Fräulein Umlandt mußte wohl gerade einen ihrer kritischen Tage haben, jedenfalls verurteilte sie mich zusammen mit dem gleichfalls betroffenen Klaus Eylmann dazu, daß wir eine Tracht Prügel bekommen sollten, und zwar von Herrn Dreyer. An den Spruch über dem Schuleingang „Hilf, Herr, laß wohl gelingen" dachte ich da nicht mehr. Dies geschah ja sozusagen im Abseits auch, d. h. trotz des Spruches über dem Schuleingang hoch oben im Haus, was mir im Grunde genommen aber gar nicht so viel ausmachte, denn richtig hauen konnte der Dreyer nicht, woran mich aber doch ärgerte, daß mein ebenso straffälliger Bruder währenddessen mit unschuldiger Miene einherging und unversehrt davonkam. Ich hätte ihm gerne ein paar versetzt, fand aber vielleicht besseren Trost, als er gefunden hätte, denn die immer vergnügte Gertrud ging in der Pause keineswegs an mir vorbei. Sie fragte mich nur einmal mit spitzbübischem Lächeln, ob wir vor dem Herrn Dreyer bei den Schlägen die Hosen hätten runterziehen müssen. Worauf ich ihr verriet, daß Klaus Eylmann heimlich beschlossen hätte, wenn er solches verlangen sollte, daß er dann versuchen würde, zu seinem Schutz gewisse Töne hinten raus von sich zu geben. Sie fand das herrlich, wenn es auch keineswegs dazu kam. So viel vom Leben in der Rektorschule. –

Es war schon Sommer, wenn nicht gar Spätsommer, als sich das Erwähnte, aber bald Vergessene ereignete, doch damit war auch die Zeit gekommen, wo sich für unser Dorf ein außerordentliches Datum näherte, was zugleich die Ankunft unserer „fahrenden" Grundstücksnachbarn namens Kleuser bedeutete.

Unser Wirtschaftshof stieß, wie erwähnt, an den Marktplatz, der seinen Namen mit Recht trug; auf ihm fand Jahr für Jahr der „Hamelwördener Markt“ statt, ein Riesenfest, wie uns schien, für das ganze Land, für das Dorf, für die Bauern mit Knechten, Mägden und Kindern, für die Schiffer aus dem benachbarten Wischhafen, nicht zuletzt aber für die „Lippscher“, die Ziegeleiarbeiter ringsum, die als Saisonarbeiter jedes Jahr angereist kamen, merkwürdigerweise für uns Pastorenkinder aber Geschöpfe der schlimmsten Verworfenheit darstellten – ein Bild, das wohl mehr der regen Phantasie unserer Hausmädchen als den Darstellungen unserer Mutter zu verdanken war. Des Vaters Meinung kannten wir nicht; er lebte ja weit entrückt von uns, er war Pastor, er hatte im Dorf und in der Gemeinde, wie erwähnt, nicht nur die Gewalt der Kirche und der Schulaufsicht, sondern auch, wie uns schien, die Gewalt Gottes selber und nicht zuletzt die des Kinderschrecks zu vertreten.

Der Wohnwagen der Kleusers nun stand zu gegebener Zeit immer auf dem Marktplatz, stand sozusagen mit seinem Zugang gleich vor unserer Dielentür rechts am Graben jenseits des Hecks. Was lag näher, als daß wir uns, die väterlichen Verbote mißachtend, immer wieder heranpirschten, näher und näher, bis wir vor dem Treppchen standen, das zum Wageninneren hinaufführte, um schließlich die fremdartige Küchenluft dieser romantischen Behausung zu schnuppern.

Vier Personen bewohnten diesen Wagen: Vater und Mutter Kleuser, Oskar und Regina, die Kinder, doch beide schon im heiratsfähigen Alter. Wenn ich mich recht entsinne, so war da, zunächst der Tür, das

Küchenabteil, abgetrennt vom übrigen Rauminhalt des Wagens. Daneben war so was wie eine Speiseecke zu erkennen. Insgesamt müßte man wohl „Wohnküche" sagen. Hinter einem Vorhang sodann verbargen sich die vermutlich am Tage übereinander gestapelten Betten. Woraus ihre Mahlzeiten bestanden, habe ich leider niemals herausgekriegt.

Vater Kleuser, der einen Schnauzbart trug, war ein Mann von mittlerer Größe. Die Mutter war den räumlichen Verhältnissen des Wohnwagens am besten angepaßt, sie war klein zu nennen. Die größte Gestalt in der Familie war Oskar, der gern einen Pralinee oder so was auf dem Kopfe trug, sich also als unternehmungslustiger Mensch zeigte. Wenn ich nicht irre, heiratete er bald in eine Karussellbesitzer-Familie in Himmelpforten oder Cadenberge hinein, also weit weg von uns. Regina, mit der wir gern auf der Treppe plaudernd zusammensaßen, war ein immer freundliches, etwas molliges Persönchen. Gar zu gern hätte ich mal eine Nacht in dieser Behausung mit zugebracht.

Kleusers kamen mit einer Luftschaukel, die immer ein paar Wochen vor und nach dem Hamelwördener Markt den Platz nicht weit von unserm Heck einnahm. Wir sahen sie gern kommen, denn es waren freundliche, kinderliebe Leute. Doch wie veränderten sie sich, wenn vom Sonntagnachmittag an die Luftschaukel in Gang war! Da drehten Mutter und Tochter mit ernster Miene abwechselnd die Drehorgel, mit „Püppchen, du bist mein Augenstern" oder so, da blies Oskar schmetternd Trompete, da sprang Vater Kleuser, wiederum unterstützt von seinem Sohn, eilfertig und geschäftig hin und her, um zu kassieren, die Luftschiffe in Gang zu bringen, manchmal aber auch den Bremsklotz unter den Schiffen in Tätigkeit zu setzen, wenn ein gar zu verwegener „Lippscher“ hoch oben das bunte Zeltdach zu durchstoßen drohte. Im übrigen schien alles, was im Lande Kehdingen die Fähigkeit hatte, fröhlich, d. h. laut zu sein, hier versammelt.

Wir Pastorenkinder durften nur am frühen Nachmittag eine kleine Fahrt in der Schiffsschaukel machen, freundlich betreut vom Onkel Kleuser. Ich hab es aber nie begriffen, weshalb es uns am späteren Nachmittag oder gar am Abend, wenn die Petroleum- und Karbidlampen lockten, verboten war, bei der Luftschaukel zu sein. Gewiß, fremdes Volk war da, laut ging es her, manch einer dort stand auch nicht mehr fest auf den Beinen, denn Haakes Gaststube war sozusagen nebenan, aber die zehn Gebote waren doch niemals in Gefahr? Ebensowenig war es uns übrigens gestattet, den jungen „Losern“ auf ihren abenteuerlichen Zügen durchs Dorf und von Wirtschaft zu Wirtschaft zu folgen. Das waren die jungen Leute, die sich für den Militärdienst zur Musterung zu stellen hatten und die sich hinterher gern bunt geschmückt mit Pappabzeichen und ordenähnlichem Zierrat an Jacke und Mütze mit Sprüchen und Wortgebilden auch wie „Artillerie“, „Kavallerie“, „ein Jahr zurück!“ präsentierten. Natürlich waren sie dabei erheblich beschwipst, aber laut singend oder schreiend „Heff mi freeloost!“ und immer wieder in langer Kolonne an einer Hauswand eine „Gelegenheit“ suchend, zogen sie dahin.

Zu unseren Luftschaukel-Nachbarn zurückzukommen: Es waren doch „unsere Klausers“, auch für die Eltern, und waren es denn nicht gute Nachbarn? Ich verstand meine Mutter nicht, wenn sie sich manchmal herablassend über dieses zugvogelähnliche Völkchen äußerte, verstand auch nicht, als sich Regina eines Tages verlobt hatte und als der Bräutigam tagelang blieb, daß ihre Bemerkungen geradezu strengpastorale Färbungen aufwiesen.

Allein, dies kam später. Zunächst war es so, daß der Küchenrauch des Kleuserschen Wohnwagens uns einmal den ganzen Winter über treu bleiben sollte. Wenn die Luftschaukel dann aber auch zusammengepackt auf ihrem Wagen lag, so gab es doch für uns bald eine Sensation besonderer Art. Kleuser und Sohn zogen trompetend durchs Dorf und riefen aus, es werde Sonnabend und Sonntag in Plates Saal abends eine Aufführung des herzbewegenden Stückes „Genovefa" stattfinden. Eine zweite Sensation für uns Kinder war es, daß Onkel Kleuser bei uns in die Haustür trat, um den Herrn Pastor und seine Frau persönlich einzuladen. Selbstverständlich, daß der Abend noch durch Musikeinlagen, durch Trompetensolos und auch mit Gesang angereichert werden würde. Die dritte Sensation aber war, daß wir eines Sonnabends Regina dann in wallenden Gewändern und märchenhaft geschmückt wahrhaftig durchs Dorf, an der Kirche vorbei zu Plates Saal hinschreiten sahen. Sogar eine große silberne Papierblume hatte sie im Haar – man mußte dort zweifellos eine überwältigende Darbietung vorbereiten! Ein Jammer nur, daß dies weitab von unserer Kinderwelt vor sich ging, unverständlich vollends, daß unser Vater, der Pastor, an dem Sonnabend natürlich zu Haus blieb und es unserer Mutter überließ, das Drama in Begleitung der Lehrer zu genießen.

Der Winter indessen hatte Dramatisches, wenn auch im kleineren Zuschnitt und in der Schule, durchaus noch für uns in petto, geschah es doch, daß wir in der Französischstunde Vertretung haben mußten, doch von keinem anderen als von dem Herrn Rektor Parisius persönlich. Wenn wir bis dahin noch nicht gewußt hatten, daß unsere Kenntnisse in dieser Sprache miserabel seien, so wurden wir es jetzt unmißverständlich gewahr, wir, die Schuldigen, die Faulen, die Nichtsnutzigen, und nicht etwa irgendjemand anders! Der Herr Parisius muß aber doch wohl ein brauchbarer Pädagoge gewesen sein, denn ein paar Liedzeilen in französischer Sprache habe ich von jener Stunde her bis jetzt in meine alten Lebenstage hinein noch im Gedächtnis behalten. Es ging auf Weihnachten zu, und so lernten wir bei ihm das Lied „O Tannenbaum, o Tannenbaum“ auf Französisch, nämlich: „Mon beau sapin, rois des forêts, tu gardes ta parure.“ Seitdem weiß ich, daß man gesungene Texte gut behalten kann, besser als trockene dichterische Zeilen.

Und doch mußte ich im gleichen Winter dann einen, wir mir schien, endlos langen Text bei unserem Fräulein Umlandt auswendig lernen, ausgerechnet ich und eine Klassenkameradin, nämlich das Gedicht von Willibald Alexis „Fridericus Rex“. Es ging auf ein unerhört großes Schulfest zu, nämlich auf den 27. Januar 1912, auf Kaisers Geburtstag. Da sollte vor versammelter Schule und vor allen Lehrern von einem Schüler irgendeiner Klasse dieses Gedicht „aufgesagt“ werden, und ausgerechnet unser Fräulein Umlandt war dazu ausersehen worden, sich dieses Problems anzunehmen. Oder war es etwa so, daß sie glaubte, sich selbst als

Klassenlehrerin mit zwei deklamatorisch begabten Schülern hervortun zu können? Wie dem auch sein mag, Wanda Schulenburg und ich hatten zu lernen, hatten gleichsam im Wettkampf vor der Klasse anzutreten, und nicht etwa, daß die Wanda mir nicht öfters überlegen gewesen wäre! Ich weiß sogar, daß mich Fräulein Umland zwei Tage vor dem 27. Januar noch bedrohte, ich würde ausscheiden, wenn ich noch einmal an irgendeiner Stelle stecken bliebe. Es kam aber so, daß die liebe Wanda, die fast einen Kopf größer war als ich, dann in einer gefühlvollen Zeile auch unwiderruflich stecken blieb, und daß der Kelch also an mir nicht vorüber ging. Zu Hause kümmerte sich seltsamerweise niemand darum, und auch die gestrenge Tante Pauline nicht; sie fürchtete wohl, der Bengel würde sie wieder blamieren wie im Sommer im Schützenzelt. Ich selbst habe von dem Ganzen – abgesehen von dem Gedicht – nur noch in Erinnerung, daß mir die vorgeschriebene Verbeugung vor all den Gestalten und Köpfen in dem festlichen Raum der Gesamtschule etwas schief und verdreht gelang, daß aber der alte Lehrer Wesseloh in diesem Moment unerhört freundlich und gütig-verstehend auf mich hinabblickte. Ohne zu stocken und, wie ich glaube, auch mit dem nötigen dramatischen Schwung, brachte ich dann, zehn Jahre alt, das Alexische Poem auf den Alten Fritz zu Gehör, nämlich:

Friedericus Rex, unser König und Herr,
der rief seine Soldaten allesamt ins Gewehr,
zweihundert Bataillons und an die tausend Schwadronen,
und jeder Grenadier kriegte sechzig Patronen.

„Ihr verfluchten Kerls“, sprach Seine Majestät,
„daß jeder in der Bataille seinen Mann mir steht.
Sie gönnen mir nicht Schlesien und die Grafschaft Glatz
und die hundert Millionen in meinem Schatz.

Die Kaiserin hat sich mit den Franzosen alliiert
und das Römische Reich gegen mich revoltiert,
Die Russen sind gefallen in Preußen ein;
auf, laßt uns ihnen zeigen, daß wir brave Landskinder sein

„Nun adjö, Lowise, wisch ab das Gesicht,
eine jede Kugel, die trifft ja nicht,
denn träf' jede Kugel apart ihren Mann,
wo kriegten die Könige ihre Soldaten dann!

Die Musketenkugel macht ein kleines Loch,
die Kanonenkugel ein weit größeres noch;
die Kugeln sind alle von Eisen und Blei,
und manche Kugel geht manchem vorbei.

Mit Pomade bezahlt den Franzosen sein König,
wir kriegen's alle Woche bei Heller und Pfennig.
Kotz Mohren, Blitz und Kreuzsackerment,
wer kriegt so prompt wie der Preuße sein Traktament!

Friedericus, mein König, den der Lorbeerkranz ziert,
ach, hättst du nur öfters zu plündern permittiert,
Friedericus Rex, mein König und Held,
wir schlügen den Teufel für dich aus der Welt.“

Wenn ich zurückblicke, muß ich sagen, daß dies zweifellos in meinem gesamtschulischen Dasein der nie wieder erreichte Höhepunkt war. Nur zu Hause wurde davon nicht groß Kenntnis genommen. Da war

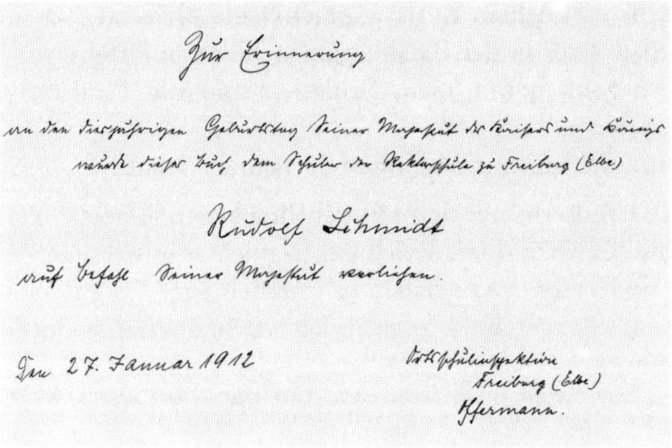
Zur Erinnerung

an den [illegible] Geburtstag Seiner Majestät des Kaisers und Königs wurde dieses Buch dem Schüler der Rektorschule zu Freiburg (Elbe)

Rudolf Schmidt

auf Befehl Seiner Majestät verliehen.

Den 27. Januar 1912

[illegible]
Freiburg (Elbe)
Hermann.

Urkunde für Rudolf Schmidt, Auszeichnung als bester Schüler der Rektorschule zu Freiburg-Elbe

vielmehr von einer Belobigung die Rede, die am selben Tag unser etwas älterer Bruder Rudolf, Rudi genannt, als „bester Schüler“ der Rektorschule zu Freiburg an der Elbe entgegennehmen durfte. Ihm war „auf Befehl Seiner Majestät“ als außerordentliche Auszeichnung ein bilderreiches (blau gebundenes!) Buch von unserer Kaiserlichen Kriegsmarine überreicht worden. Was Wunder, daß dieses in unserm Hause immer wieder von Hand zu Hand ging und daß es auch etwaigen Besuchern nicht vorenthalten wurde. Was Wunder des weiteren, daß dieser Bruder bald aus unserm Gesichtskreis entschwand, weil er sich den Auserwählten zurechnen durfte, die nach „Schulpforta“ hin und hinauf versetzt wurden.

Dies war auch der Grund, daß er im folgenden Sommer an einem, wie es mir vorkam, geradezu fürstlichen Empfang für die ganze Rektorschule im blühenden „Park“ vor der landrätlichen Villa Dr. Wegners zu Freiburg nicht mehr teilnehmen konnte. Mir gefiel das aber sehr wohl, denn erstens hatten wir währenddessen keine Schule und zweitens wurden wir, die Vorbeidefilierenden, wie jedes Kind aus der Hand der jungen und freundlichen Frau Landrätin gnädigst mit einer ganzen Tüte Bonbons (aus großen Wäschekörben) bedacht, während der Herr Landrat in Begleitung seiner Beamten lächelnd dabei stand.

Soviel ich weiß, sind wir Zwillinge in diesem landrätlichen Hause als Altersgenossen der Söhne dort auch mal zu Besuch gewesen, und zwar, weil ich einfach behauptet hatte, wir seien dort eingeladen worden – was unsere Mutter nicht recht glauben wollte und was auch nicht stimmte. Ich müßte aber wieder lügen, wenn ich sagen wollte, wir wären dort nicht freundlich oder gar unstandesgemäß aufgenommen worden. Nein, ich entsinne mich dunkel, daß ich durchaus einen Eindruck von dem Zuschnitt eines herrschaftlichen Hauses der damaligen Zeit gewinnen konnte. Es blieb daher, wie leicht zu erklären, bei dem einzigen Besuch, wenn auch die Dr. Wegnerschen Herren Söhne bei uns noch mal einen Gegenbesuch machten.

Übrigens hatte ich Glück, daß ich an jenem Empfang teilnehmen konnte, wäre ich doch wenige Tage vordem um ein Haar ertrunken. Ich habe es nicht vergessen, mit allen Einzelheiten nicht, und ich sehe die mit dunklen Holzwänden umgebene Freiburger Badeanstalt gewissermaßen anklagend noch vor mir, weiß auch noch, daß wir uns nur zu dritt oder zu viert dort zum Baden eingefunden hatten. Ein Bassin für

Nichtschwimmer war da zunächst, aber dahinter ein größeres mit Sprungbrett und dergleichen für Schwimmer. Ein schmaler Steg führte an beiden Bassins an der linken Holzwand entlang bis zur hinteren Wandung. Da es mir, der ich noch nicht schwimmen konnte, im vorderen Bassin wahrscheinlich zu langweilig geworden war, unternahm ich es, während die anderen das Wasser schon verlassen hatte, auf dem schmalen, aber glitschigen Steg sozusagen spazieren zu gehen und bis zum Sprungbrettbereich vorzudringen. Dort muß ich ausgerutscht und ins tiefe Wasser gefallen sein. Wie merkwürdig aber, daß sich mir das Folgende so genau und unvergeßlich eingeprägt hat. Ich sank und sank und konnte doch noch sehen, daß Sonnenlicht hoch oben über mir sein mußte. Dann hörte das Untergehen auf, ich wurde wieder noch oben getragen, auf das mit immer offengebliebenen Augen erfaßte Helle zu, mußte jedoch sofort erfahren, daß es wieder ins nasse Absinken ging. Und so noch zwei- oder dreimal, bis ich im Aufsteigen einen nackten Arm über mir zu sehen glaubte, der sich aus der Helle heraus zum Wasser hinabstreckte (oder hatte ich etwa auch was gehört?), einen Arm, den ich ergreifen oder der mich mit der Faust ergreifen konnte, um mich auf den rettenden Steg zu ziehen. Es war der alte, ziemlich groß geratene Kinder-Schützenkönig Tripmaker, dessen Arm lang genug war, der sich aber ebenso wie ich selber über diesen Zwischenfall dann ausschwieg.

Es will wir scheinen, als wäre ich an jedem Tag oder einem anderen ohne meine Geschwister in der Schule gewesen. Wie hätte es sonst angehen können, daß ich allein mit einer etwas älteren Schülerin, mit der Käthe

Bruns, der Tochter unseres Lehrers in Hamelwörden, zurückgegangen wäre! Ich habe diesen Weg von Freiburg, die weite Apfelbaum-Chausee entlang nach Hamelwörden, jedenfalls in zweifacher Hinsicht überdeutlich in Erinnerung behalten. Zum einen war es so, daß wir eine Sonnenfinsternis hatten, in welcher sich in erschreckender Weise der Sonnenschein in eine Art Mondlicht verwandelte, ein Licht, das alle Farben auslöschte und alle Schatten, in welchen doch vordem eine Art Blau mit geherrscht hatte, in ein gräuliches Schwarz verwandelte. Zum andern aber ergab es sich, daß mir dieser Weg als ein mit nie geahnten, seltsamen Versuchungen und heimlich verführerischer Stimmung überlagerter im Gedächtnis geblieben ist – und dies von der Begleitung her. Möglicherweise war es so, daß die erschreckende Lichtveränderung dieser Stunde Erinnerungen in ihr weckte und daß sie immer mehr ins Erzählen, Berichten und Offenbaren gebracht wurde. Oder wollte sie gar was von mir, trug sie, die Ältere, die Erfahrenere, sich insgeheim in dieser außergewöhnlichen, seltsam verdunkelten Stunde mit wissensdurstigen Absichten mir gegenüber? Oder zwang sie das andere Licht, sich einfach mal auszusprechen – auch einem eben Elfjährigen gegenüber? Offenbar lagen erschreckende nächtliche Erlebnisse hinter ihr. Nicht nur, daß sie hinterm dunklen Küchenfenster an einem Abend merkwürdige Lichterscheinungen hatte aufglimmen sehen, winzige Flämmchen auch, die sich rhythmisch hin und her bewegten, nein, es war auch einmal in der Dämmerung einer der großen Nachbarsjungen bei ihnen unversehens aus dem Gebüsch getreten, um sich, wie er gesagt hatte, ein bißchen mit ihr zu unterhalten. Schließlich habe er sie gefragt, ob er ihr mal was zeigen dürfe. Und dann sei er vor sie hingetreten und habe ihr als männliches Wesen, sich halb entblößend, „was gezeigt“, nie geahntes, und habe ihr erklärt und vorgeführt, daß ein Mannskerl von einem bestimmten Alter an – äh, äh, äh – Schaumähnliches hervorzubringen imstande sei. So erzählte die Käthe, die übrigens lange rötliche Zöpfe trug und die, sich immer mehr erregend, ihrerseits vor mir stehengeblieben war. Ich verstand, Gott sei Dank, nichts von alledem, ich weiß nur noch, daß sie im gebüschreichen Abseits der Chaussee plötzlich „verschwinden“ mußte, daß sie grünrotdunkles Unterzeug anhatte und daß ich in Versuchung kam, ihr in kindlicher Weise auch „was zu zeigen“. Allein, es verstärkte sich zugleich in mir das Gefühl, es sei besser, möglichst schnell von hier wegzukommen. Und es sei zudem gut, von diesem zu Hause um Gottes willen nichts weiterzuerzählen, sondern bei den Sonnenfinsternis-Beobachtungen zu bleiben. Und war es nicht so, daß die Sonne, von der es in der Bibel heißt, sie verlor ihren Schein, daß diese bereits anfing, wieder Farben in die Welt zu zaubern? Die Sonne war es denn wohl auch, welche die Käthe von ihren dunklen Erinnerungen und von der Lust auch befreite, davon zu berichten. Wir kamen im vollen Sonnenschein, mit anderen Gesprächen und also unangefochten in Hamelwörden wieder an.

Natürlich gab es auch Versuchungen anderer Art. Da es im Freiburger Hafen immer Granat zu kaufen gab, und zwar auf den Ewern selbst, ergab es sich, daß mir meine Mutter einmal ein volles Markstück in die

Hand drückte und mir den Auftrag gab, Granat mitzubringen. Und siehe da, mit wahrer Inbrunst schaufelte der Fischer einen Kump nach dem andern in meinen Beutel. Als ein geradezu ungeheuerliches Versehen wurde mir aber von den Geschwistern hernach immer wieder vorgehalten, daß ich für eine ganze Mark Granat geholt hätte, wo wir doch sonst immer für nur 50 Pfennig weitaus genug auf dem Tisch hatten. Und wer sollte die denn bloß alle auspuhlen?! Unsere Mutter aber nahm mir das Versehen nicht so übel, sie wußte von der Übermenge sehr gut schmeckende Frikadellen zu machen. Dies war, wenn man so wollte, Vergehen Nummer eins.

Schlimmer war das folgende, traf ich doch dort im Hafen auf seinem Fahrzeug bzw. seinem Kahn (oder war es eine verkleinerte Mutte?) meinen alten Bekannten Heini Hölting, der mir sofort vergnügt zuwinkte und mich überredete, mitzufahren. Aber er müsse sofort los, mit dem bereits ablaufenden Wasser käme er zwar hier gut raus, müsse aber ja vor Wischhafen noch wieder in die Süderelbe rein und vorher auf der Elbe noch eine Ecke gegen den Wind ankreuzen, gegen den Südwest! Und ich könnte mir bei der Hitze doch den Fußweg ganz nach Hamelwörden hin sparen, und ich wäre ja auch noch nie mit ihm auf der Elbe gewesen! Ich ließ mich trotz leiser Gewissensbisse überreden, ich stieg zu ihm hinab und fand es bald auch herrlich, auf einem Wasserfahrzeug zu sein, das, von unsichtbaren Kräften getrieben, aus der Freiburger Priel- und Hafenenge hinausgetragen wurde auf die breite, himmelweite Elbe zu. Der Heini Hölting war, wie sich herausstellte, trotz seiner Körperfülle sehr beweglich und auch ein Segler vor dem Herrn. Draußen, hinter den Schallen, wie der Außendeich da in Freiburg hieß, wo man sich also dem freien Wasserwind aussetzen konnte, schob er mich, weiß Gott, ans Steuer und zog für sich sozusagen dann das Segel auf, das er auch immer behende zu bedienen wußte. Nach einer gewissen Zeit rief er lauthals „Besan – schout an!“, erklärte mir, dies sei das Kommando zum Schnapsempfang, auch auf der Elbe und auch bei Jungens in meinem Alter. Er ruhte nicht, bis ich auch einen Schluck genommen hatte, einen Schluck indes, der mir gar nicht schmeckte und bei welchem er in lautes Lachen ausbrach. Tjä, aus der Flasche zu trinken, das wolle eben gekonnt sein; die Kenntnisse und Leistungen der Babyzeit könnten einem in den späteren Jahren kaum noch was nützen. Als ich, um den schlechten Geschmack loszuwerden, bemerkte, ich hätte Hunger, versetzte er kurz „Hest doch Kraut!“, womit er meine Granatmenge meinte. Im übrigen sei es besser, jetzt Hunger zu haben, als seekrank zu werden. „Ouber täuf man, de Süderelv is in Sicht!“ Und war der Hamelwördener spitze Kirchturm zwischen seinen Bäumen nicht wirklich hinter dem Deich drüben im Land schon zu sehen? Ich sah es und wagte es, von den eingekauften Granaten einige zu nehmen. Ich war zu sehr noch mit dem Auspuhlen beschäftigt, als ich nahezu kopfüber schoß und im selben Augenblick meinen Bootseigner fluchen hörte: „Verdammte Schiet, wi sitt’t op’n Dreck – slecht stürt hest du – op’n Dreck sitt’t wi!“ In der Tat war es so, daß die Ebbe uns schon zuvorgekommen war, daß unsere Süderelbe bereits mehr Schlickränder als Wasser aufzuweisen hatte und daß wir, immer vom Wind noch ein wenig getrieben, aufgelaufen waren und festsaßen. Nicht lange denn auch und unser Fahrzeug blieb wie ein geschlagener Baum mit schräggedrücktem Mast genauso schief und unbeweglich auf der niedrigen und schmal gewordenen Wasserfläche liegen wie die Fischer- und Stackbuschewer weiter vor uns. Nirgends Leben mehr. Auch von den Wischhafener Fischerbooten ließ sich jetzt keines vom Ebbstrom zu den Netzen unter dem Elbufer hinaustragen. Und donnerte es nicht in der Ferne? Doch lief das Wasser immer noch ab, ich sah es und sah halb erschrocken, was mit der Strömung los war, daß sie ja immer weniger Kraft besaß, am Uferschlick emporzulecken, daß sich zwar hier und da ein Korkstückchen näherte, ein Schilfbüschel auch und ein einzelner Strohhalm, doch immer langsamer, wenn auch immer in Richtung Elbestrom. Längst lag das Segel zusammengebunden an Deck. Wie lange sollte es denn noch dauern, bis wir wieder flott sein würden?

Ich sah, daß der flach aufsteigende Schlicksaum immer breiter wurde, auch zur Hamelwördener Abbruchkante hinauf. Sollte man nicht aussteigen, um das dortige feste Ufer zu erreichen, die rettende Küste? Als ich aber davon zu sprechen wagte, schrie mein Bootseigner mich an, als wäre ich verrückt geworden. Ob ich etwa absaufen wolle wie vor einigen Jahren der junge Lehrer aus dem Dorf acht Tage vor seiner Hochzeit? Und er hätte die Schuld! Wenn ich's versuchen sollte auszusteigen, würde er mich neben das zusammengerollte Segel legen und mich daran festbinden. Also warten, abwarten, wo es doch sicherlich schon weit über die Mittagszeit, ja über die Zeit des Kaffeetrinkens am Nachmittag hinaus war. Ob der Hölting überhaupt eine Uhr an Bord hatte? Überdies hatte ich ihm zu verraten, daß ich „mußte". Er lachte wieder. Nee, einen Pattermant, so was gebe es auf diesem Fahrzeug nicht. Man setze sich eben auf die Reling. Die Elbe sei ja groß genug, um alles aufzunehmen. Aber er würde es mir vormachen und würde mir helfen, was denn auch geschah.

Muß ich erwähnen, daß es eine Ewigkeit für mich dauerte, bis sich auf der Oberfläche des bis dahin toten Wassers wieder etwas regte, bis wahrhaftig eine erste kleine Welle an dem Schlick emporleckte, bis ich feststellen konnte, daß der Strom begann, in dem Rinnsal den umgekehrten Weg zu suchen? Oder schien es nur so? Nein, das Schlimmste war offensichtlich überstanden. Schon fing ja mein inzwischen verwünschter Verführer wieder an zu singen. „In Hamburg, da bin ich gewäisen", sang er, „in Samt und Seide gikleidt, meinen Namen, den darf ich nicht nönnön, denn ich wor jo für jeiden bireit." So sang er laut und durchaus vergnügt; es war also so, daß die Stunde der Angst und Gefahr vorüber war. Und siehe da, er hatte sogar Verständnis für meine Lage. Es war auch ihm klar geworden, daß man bei uns zu Haus wohl schon längere Zeit nach mir ausgeguckt hatte, daß man nicht gut auf mich zu sprechen sein würde, daß Unheilvolles sich dort zusammenbrauen könnte. Er habe aber in der letzten Nacht Aal gepoddert. Er gebe mir eine Mahlzeit mit. Dazu sagte er halb singend: „Die Friedensflagge wieder ehrt, was böse Winde uns gistört." Ich selber dachte an den öfters vernommenen Satz aus dem

Munde meines gestrengen Vaters: „Du kriegst Hiebe!“, welcher zu gegebener Zeit denn auch zu vernehmen war, d. h. als ich, den weiten Weg nach Haus an den Wischhafener Häusern vorbei, die sich dort mit den Deichbäumen in der schönen Brake spiegelten, sowie auch an der Windmühle, an Ayeckes einsamem Hof vorbei, ja, als ich dann endlich das „alte“ Dorf Hamelwörden mit meinen beiden schweren Beuteln glücklich in aller Hitze hinter mir hatte.

Mein Gehör aber hatte mich nicht getäuscht. Es hatte gedonnert, und das himmlische Donnerwetter kam zu meiner Rettung, muß ich sagen, näher und näher und so schnell, daß alle geplanten häuslichen Donnerwetter zum Schweigen gebracht wurden. Wie sommertags in unserer Elbmarsch nicht selten zu beobachten, war von Westen, also vom Moor her, eine düstere, doch hin und wieder an der Oberkante von Wetterleuchten leicht erhellte Wand hochgekommen, ein nach Osten ziehendes Gewitter, das, wie wir hörten, von irgendwelchen Gewalten gehindert wurde, über die Elbe wegzuziehen, sich also bei uns aufhielt, um sich überm Dorf und unserm großen Haus zu entladen. Es muß ein schweres Gewitter gewesen sein, ein Blitz folgte wie ein Donnerschlag dem anderen, und nicht etwa, daß er nur gedonnert hätte, nein, es krachte mit ungeheurer Stärke manchmal sogar ganz nah neben und über uns und mit gefährlichen Zischlauten und Knistern untermalt. Und das alles über unserm Strohdach! Ich kann nicht sagen, daß ich Angst hatte, es machte aber doch Eindruck auf mich, daß sich die Mutter angesichts aller Blitze im Hausflur nicht weit von der Haustür einen Lehnstuhl hatte hinstellen lassen und daß die kleineren Schwestern bei ihr sozusagen ihre Zuflucht suchten. Und in der Tat hörte es sich fast tröstlich an, wenn sie mit einem gewissen Aufatmen in alles Unwetter hinein sagte: „Jetzt fängt es an zu regnen." Als ob der Regen, der Wolkenbruch, das nahende Ende der Gewittergefahr verkündete! Dabei hielten sich die Kleinen immer noch die Ohren zu und stand der Vater unbeirrt an der Treppe, um notfalls sofort die wichtigsten Folianten aus seiner Studierstube herunterzuholen. Gott sei Dank, muß ich sagen, hielt das Gewitter diesmal noch ziemlich lange und hin und wieder auch noch mit bedrohlichen Schlägen an, was dazu beitrug, daß von meinem langen Ausbleiben nicht wieder die Rede war, ebensowenig von der mir zugedachten Strafe. Nur am nächsten Mittag, als es – bitte sehr – gebratene Aale gab, kriegte ich noch mal zu hören, daß es für mich am Tag vorher ja eigentlich was mit dem Stock hätte geben sollen. Ich könne Gott für das Gewitter danken – was ich insgeheim aber schon längst getan hatte.

Es gab den Sommer noch viele heiße Tage mit nachfolgenden Unwettern. Trotzdem hätte ich ihn, den Sommer, noch gerne länger behalten, hätte ihn am liebsten für mich festgebunden gesehen, denn es sollten andere und weniger erfreuliche Tage für mich und meinen Zwillingsbruder kommen. Oder hatten die himmlischen Gewalten in Gestalt unserer Eltern es so beschlossen? Wir kriegten Privatstunden bei unserem Vater und dies deshalb, weil er sich um eine andere Pfarrstelle in der Nähe von Bremen beworben hatte, von wo aus wir, Brüder und Schwestern, alle die städtischen höheren Schulen würden besuchen können. Man hatte ihn gewählt, was zur Folge hatte, daß wir, Otfried und ich, fürs Alte Gymnasium in Bremen bestimmt, uns noch ein ziemliches Maß an Grundwissen würden aneignen müssen. Den dazu nötigen Unterricht erteilte uns der Herr Ortsschulinspektor von Hamelwörden, nämlich unser Vater selbst höchst persönlich. Ach Gott, wo war der schöne Rest unserer Freiheiten geblieben?! In seinem Studierzimmer hatten wir anzutreten. Da stand nicht weit vom Fenster, aber doch so, daß man nicht versucht war, nach draußen zu gucken, ein kleiner, runder Tisch für uns. Und da ging der Herr Vater auf und ab, immer auf und ab und dozierte, was immer zu dozieren war, wobei das Bruchrechnen mit all seinen verflixten Regeln für mich das Unbegreiflichste, das immer Abzulehnende blieb. (Rückblickend ist zu sagen, daß grammatikalische Grundbegriffe, auch im Hinblick auf zukünftige Fremdsprachen wichtiger gewesen wären; sie fehlten mir in den folgenden Jahren immer und immer wieder.)

Noch aber waren wir in Hamelwörden und waren glücklich, ich jedenfalls, wenn eine Beerdigung dazwischen kam, wenn der Vater also verhindert war und ich mich davonstehlen konnte. Es fing ja schon an, Herbst zu werden, und für meine Freunde, die Knechte von Raths Hof, kam die Zeit, da es ans Pflügen ging, da man mit vier oder sechs Pferden vor dem Pflug, mit zwei Knechten und einem Pferdejungen zwischen den Gräben die Ackerscholle herumzuwerfen hatte, die schwere Kleierde, die in der Sonne glänzte wie Speck. Und gab es denn was Schöneres, als hinter den immer singenden oder doch fröhlich gröhlenden Pflügern her, von Möwen begleitet, die frische Furche entlang zu „petten“, wobei die Schuhe schwerer und schwerer wurden?

Als mir die Eltern offenbarten, es sei ein Geestdorf, in welches wir versetzt würden, soll ich wie erschlagen hintenüber gesunken sein. Ich wußte ja nicht, daß es auch anderswo eine ganze Menge zu erleben geben würde.

Barrien/Bremen

Das erste aus dem Lateinischen kommende Wort, was uns in Bremen begegnete, war der Name einer alten Straße, durch die unser Schulweg uns über Domshof und Domsheide täglich zu bringen hatte: die Dechanatstraße. Doch niemand kam oder ließ sich herab, uns frischgebackenen Quartanern diesen Namen 1913 zu erklären, weder zu Haus noch in dem Gymnasium, das als Lateinschule an dieser Straße lag, mit der Athene oder Minerva im Eingang geschmückt. So erfuhren wir nicht, daß wir eigentlich über ein Grundstück der ehemaligen Domdechanei hingingen, erfuhren es in unserm streng lutherischen Elternhaus in Barrien vielleicht deshalb nicht, weil es sich als Sprengel eines Kardinalskollegiums um altkatholischen Grund und Boden handelte, – alles also halbwegs latinisierte Umwelt! Doch keineswegs, daß dies das einzig Fremde und nicht allsogleich zu Erfassende gewesen wäre, was uns der Umzug von Hamelwörden/Kreis Kehdingen nach Barrien/Bremen bringen sollte.

Allein die Tatsache, daß wir in eine Schule der oberen Zehntausend gingen, in eine Klasse mit vornehmen Großkaufmanns-, Rechtsanwaltssöhnen und Senatorenenkeln, war letztlich unerfreulich. Schon der erste Schultag brachte eine Blamage. Nach unserm

Namen gefragt, verstand der Herr Professor – ich glaube, es war Lüdecke – nicht Schmidt, sondern, offenbar mißgelaunt, Mett, worauf wir unseren Spitznamen weghatten, woraus aber auch hervorging, daß unsere Zunge eine andere, etwas hamburgisch gefärbte Sprache aus unserer Kehdinger Elbmarsch mitgebracht hatte, eine andere als die der Bürger und Herren Söhne der Stadt Bremen jedenfalls. Es sollte lange dauern, bis wir uns an klare Vokale gewöhnt hatten, bis wir vor allem statt des dumpfer klingenden Hamburger A's das in Bremen übliche, nach Ä hin verfärbte A sprachen, wie es noch länger dauern sollte, bis ich erfaßt hatte, daß sich der Mund beim Hamburger A nur etwas nach unten öffnet, sich aber beim Bremer A seitlich verzieht.

Daß wir als Fahrschüler vom Dorf kamen, trug auch nicht zum Wohlbefinden bei. Unsere Mutter, redlich bemüht, ihre Nähkünste an uns sichtbar werden zu lassen, blieb damit doch ein paar Stufen unter dem altgymnasialen Zuschnitt. Sie hätte weiß Gott etliche Dankchoräle verdient gehabt und z. B. nicht eine mißbilligende Bemerkung unseres Französischlehrers namens Otto, der unbegreiflicherweise lauthals meinte feststellen zu müssen, daß mein Sweater oben in der Schulter schon „seit gestern" eine geplatzte Naht aufzuweisen habe. Schlimmere Erinnerungen noch habe ich an unsern ersten Deutschlehrer Dr. Bargmann, der eigentlich nur Städtisches ertragen und uns als Fahrschüler nicht ausstehen zu können schien. Wir durften ihm auch keineswegs damit kommen, daß sein Name eigentlich plattdeutsch sei, zeigte er doch sehr deutlich seine Verachtung gegenüber bäuerlich zu vermutenden

Pfarrhaus und Kirche in Barrien, Südansicht, um 1917

Verwandten, indem er uns im passenden Augenblick zurief: „Geh in dein Kuhdorf!" Und war es unserem neuen Heimatort Barrien gegenüber nicht geradezu beleidigend, wenn er, in die Klasse kommend, bemerkte: „Die Schmidts sehen wieder aus, als wären sie durch nichts als Dorfdreck gestiefelt!"?

Natürlich trug dies zu meinem Selbstbewußtsein wenig bei. Hatten wir, sprachlich gesehen, nicht auch Dreck am Stiefel? Immer doch hatte ich mir bisher eingebildet, gut lesen, auch gut vorlesen zu können. Jetzt wurde sozusagen offiziell festgestellt, daß ich in der schlimmsten Weise die Endsilben beim Vorlesen verschlucke, und schon bald befand ich mich in allen Fächern in einem Zustand, der mir alle Augenblicke zuraunte: „Hat ja alles keinen Zweck hier!" Und hatte es denn Zweck, noch Schularbeiten zu machen?

Einmal aber meinte ich es dann dem Herrn Dr. Bargmann zeigen zu müssen. Irgendwie waren wir im Unterricht auf den großen Preußenkönig, auf seinen Siebenjährigen Krieg, auf den Dichter Willibald Alexis auch und das mir nur zu bekannte Gedicht „Fridericus Rex“ gekommen. Verflixt noch mal, davon wußte ich doch jede Zeile! Ich war mir auch dessen bewußt, daß es ich es – abgesehen von meiner kehdingischen Aussprache – gut aufsagen würde, besser vielleicht als die erklärten Lieblinge unseres Dr. Bargmann, wie Hildebrandt, Tebelmann, Hinze, Nebelthau, Dünnemann in ihren Matrosenanzügen. Ich wagte es also, mich zu melden. Und siehe da, es begab sich, daß der Herr Dr. Bargmann nicht über mich hinwegguckte, sondern daß er, mit einem triumphierenden Blick in die Runde schweifend und seinen Sieg auf den Lippen im voraus auskostend, herablassend bemerkte: „Na, lassen wir den ländlichen Deklamator doch mal!“

Es begab sich aber auch, daß in diesem „Na, lassen wir ihn doch mal“ etwas mitschwang, was mir schon auf dem Weg zum Podium da unter der Wandtafel an die Nerven gehen mußte. Abgesehen davon, daß ich mich auf dem Podium etwas erhöht mit meinen weniger guten Anzug vor der Klasse präsentieren mußte, hatte es sich doch auch ergeben, daß für die Klasse ein offenbar gut vorbereitetes Blamageschauspiel inszeniert worden war. Ja, so empfand ich es. Zwar hatte ich keine grinsenden Gesichter, jedoch abwartende, auf der Lauer liegende vor mir, indessen waren es doch lauter Mitkämpfer, Mitgenießer an der lockend gedeckten Tafel des Herrn Dr. Bargmann, der die bremischen Dörfer ringsum nicht liebte und hier eine

Tafel gedeckt hatte, um mich, den Dörfler, zu vernichten. Es ereignete sich, daß ich, der das Alexisgedicht aufsagen sollte und der auch wußte, daß er es könnte, auf einmal verstummt dastand, verstummt und verdummt wie ein von plötzlicher Würgehand erstickter Knabe, für den auch von keinem der Gesichter da vor ihm etwas Ermutigendes ausging. „Na ja, na ja", gab der Herr Doktor dann auch bald in seinem näselnden Ton von sich: „Wer hätte denn auch Besseres von ihm erwarten wollen." Ich weiß nicht, wie ich auf meinen Platz, ziemlich weit vorne, wieder zurückgekommen bin, weiß mir auch heute noch nicht zu erklären, weshalb ich denn eigentlich verstummte, zumal es nicht anders vor sich ging als mit dem Musiklehrer Böse, dem ich vorsingen sollte, aber ebenfalls verstummte und als ein hoffnungsloser Fall abgetan wurde.

Gehört dies indessen zu den entmutigenden Eindrücken der ersten Zeit im Alten Gymnasium zu Bremen, so ist zu sagen, daß andererseits Freundliches und Einladendes und auch sehr viel Verlockendes in dem Kirchdorf Barrien auf mich wartete – als wir uns also von der Marsch dorthin versetzt sahen. Schon die neue Landessprache hatte ihr Besonderes und wenn auch anderes, so doch kaum Abweisendes, und keineswegs, daß unsere Mutter noch von einem abscheulichen Plattdeutsch gesprochen hätte. Natürlich gewöhnten wir uns angesichts der freundlichen Mitmenschen im Dorf schnell daran, ja es ergab sich, daß ich der Versuchung erlag, in dem Barrier Platt etwas aufzuschreiben. Da lebte noch, wie unsere Mutter beglückt zu berichten wußte, auf der „Barrier Heide" ein fast neunzigjähriger Mann, ein Anbauer namens Seevers, der hervorragend aus seinem Leben und aus alten Zeiten zu erzählen wisse. Natürlich in dem ihm angeborenen Platt. – Hier nun hätten die Herren Bremer Professoren entdecken können, wie weit es mit dem Verschlucken der Endsilben in der Sprache gehen kann. Aber wie weit war ihre sprachlich Welt von der plattdeutschen in Barrien entfernt, was ging es sie auch an, daß der Lehrer im Volksmund hier „Lirr“ hieß (mit fast verschlucktem R), der Teller „Törr“, die Leiter wie das Leder „Lerr“, das Wort wieder „wörr“, daß sich die Namen benachbarter Orte wie Sörhausen in in „Srusen“, Pestinghausen in „Pschusen“ verwandelten, daß aber andererseits gern wieder ein e angehängt wurde, daß es z. B. „op' Dische“ hieß und auch „hest dien Tour wörr rute“, und daß „im Walde“ „inne Fuhren“ hieß. Und während man in Kehdingen sagte: „De Peier hebbt sau'n langen Steiert, de reckt bet an de Eeier“, sprach man hier nur von Peer, Steert un Eer. – Ich lernte dies nicht nur mit den Lebensberichten des alten Seevers auf der „Baijer“ Heide kennen, sondern auch durch die Begegnungen mit den Nachbarsleuten. Und fast ist es eine Wiederholung der Schilderung von Hamelwörden, wenn ich sage, daß die Bauernhöfe und Werkstätten für mich viel mehr Anziehendes hatten als das Leben unter den Geschwistern im elterlichen Pfarrhaus.

Dieses Haus, mit zwei himmelhohen Kastanien vor der Haustür und doch nicht so groß wie das vorherige in der Marsch, gab sich zwar auch ganz und gar als Niedersachsenhaus zu erkennen, konnte aber doch schon damit prahlen, es habe von der Syker Wasser-

Stellmacherwerkstatt an der Syker Straße in Barrien

mühle her elektrisches Licht aufzuweisen, und die Klosetts seien nicht draußen im Gartenhäuschen überm Graben gelegen, sondern regensicher unten an der ausgebauten großen Diele, also mit unter dem großen Dach und zunächst der „groten Dör". Bei dem Vorgänger unseres Vaters mußte es sich auch um eine große und kinderreiche Familie gehandelt haben, denn das Haus hatte, das Mädchenzimmer neben der Küche mitgezählt, zwölf Wohn- und Schlafzimmer. Daß ich in einem Aufsatz damals schrieb, in jedem unserer Wohnzimmer seien zwölf Stühle, wurde von der Klasse mit dröhnendem Gelächter quittiert.

Im Grunde genommen war unser Haus wie das des Nachbarn Nüstedt das zu einem „Halbmeyerhof" gehörende Bauernhaus. Eine kleine, ebenfalls strohgedeckte (und vielgeliebte) Scheune gehörte noch dazu,

Pfarrhaus mit Nachbar Reincke in Barrien, um 1917

im Pfarrhause selbst aber war es ganz im Stil der Altvorderen mit Schaf-, Schweine-, Gänse-, Enten- und Hühnerstall gehalten. Es wäre nicht der Wahrheit entsprechend, wenn ich unterschlüge, daß der letztere Teil unseres Hauses alsbald so richtig meine Welt werden sollte. Und wenn es in den Nachbarhäusern auch jeweils nur zwei Pferde gab, so waren doch Pferde da, was schon in den ersten Wochen dazu führte, daß wir Zwillinge von dem Haussohn Reinken Heini eingeladen wurden, ihn mit seinem Jauchewagen reitend (wenn auch ohne Sattel) an der Wassermühle vorbei durch die Spreken und die Ristedter Fuhren aufs Lehrßer Feld zu begleiten. Zu unserer Verwunderung erfuhren wir von ihm, der natürlich nicht ritt, sondern vorn auf dem Wagen saß, daß er seine Pferde ohne Zaumzeug regierte; diese trugen auch kein Knüppelgebiß, wie die Kehdinger, sondern gehorchten auf Zurufe wie „Hotteweg!“ und „Hiekum!“, was rechts und links bedeutete. „Heff eck so anlehrt“, sagte er.

Dieses, unser Barrien, machte, als breit hingelagertes Geestdorf mit der Kirche in der Mitte, abgesehen von der Lindenchaussee zum Bahnhof hin, mit seinen großen, unter Eichen gelegenen Bauernhöfen einen durchaus ländlichen Eindruck; in gewisser Weise hatte unser sehr geehrter Herr Dr. Bargmann also recht, wenn er sagte: „Geh in dein Kuhdorf!“ Aber hätte ich etwa mit ihm und seiner städtischen Umgebung tauschen wollen? Hatte er, etwa in Schwachhausen, sowas wie einen „Sünnerberg“, mit einzubauenden Backöfen, und einen Osterfeuerplatz, einen „Krusenberg“ auch, auf welchem man ein ganzes Schützen- und Turnfest abhalten konnte; gab es da „schwarze Berge“ mit sommerlichen Missionsfesten, wie sie unser Vater ins Leben zu rufen wußte, und Föhrenwälder mit ihrem einzigartigen Geruch? Und gab es da bei ihm Rehe zu sehen, Fuchsbauten zu entdecken, Eichhörnchen zu jagen? Was hätte ich ihm unter dem Stichwort „Barrien“ nicht alles erzählen können!

Schon in den ersten Tagen führten uns die neuen Spielkameraden ja auf den Krusenberg, wo wir zu unserer Aufregung tatsächlich am Rande einer Schonung nach dem Okeler Busch zu einem Sprung Rehe zu sehen kriegten und dazu beitragen konnten, daß sich die Tiere unter das Grün der halbwüchsigen Föhren verdrückten. Alles neu! Abgesehen vom Obst- und Gemüsegarten, von einer schönen Wiese oder Weide auch, die an die Hache und also an den Mühlenteich grenzte (Fischereigerechtsame hing damit zusammen),

Barrien, Blick über den Mühlenteich auf Dorf und Kirche

hatte die Barrier Pfarre ja überdies ein beträchtliches Waldstück zu eigen, und zwar in den „Fuhren“ auf dem Sandboden nach Okel zu. Unsere Spielkameraden, merkwürdigerweise niemals Kinder der größeren Bauern, sondern die Lehrerssöhne namens Tepe, Hermann und Kurt, und solche sogenannter kleiner Leute, wie Traemanns Hemmann, machten uns schon bald darauf aufmerksam, daß eine Fuhrenecke weit hinten im Gehölz unsere sei und daß unser Brennholz jährlich von dorther komme. Es war ein ziemlich umfangreiches Stück Wald mit ausgewachsenen Kiefern, und es gehört zu meinen schönsten Erinnerungen, daß wir uns unter ihnen, weitab von allen Schneisen und Wegen, eine Mooshütte bauten, wobei uns Arbeitsgeräte wie Spaten, Säge, Hammer und Beil niemals fehlten. Wie die Bauleute der ersten biblischen Tage wußten wir uns geeignetes Holz heranzuholen, um uns damit eine Art Dach zu erstellen, das sich zwar bloß auf die Erde stützte, aber mit Moos, wovon es ja mehr als genug gab, nach oben hin abzudichten war. Dazu gehört, daß wir, damit alles seine Richtigkeit bekam, nach getaner Arbeit auch für Rauch sorgten, weil einer von uns stets einen Brösel von irgendwoher mithatte und auch ein Portiönchen „swarten Krusen“ oder gar Pastorentabak. Daß der Brösel dampfte und von Mund zu Mund ging, war ebenso scheußlich wie herrlich!

Dies war natürlich eine Sache, die zu Hause niemand erfahren durfte, wie auch anderes nicht, was damit zusammenhing, daß einer von uns eben immer Streichhölzer mithatte. Nicht nur, daß am Waldrand schöne graue Behntgrasflächen zum „Tunnern“ lockten und herrlich brannten, wobei uns um ein Haar unsere Eltern einmal überrascht hätten und wo wir nur mit Mühe die nach dem Wald hinzüngelnden Flammen schleunigst ausschlagen konnten, wir wagten es sogar, mitten im Gehölz mit dem Feuer zu spielen, indem wir z. B. den Zugang zu einem Fuchsbau in einen gut beheizten Backofen verwandelten. Und gehörte zu einer Hütte nicht überhaupt ein Backofen? Es war nicht schwer, am Fuße einer hohen, mehr oder weniger kahlen Kiefer aus Zweigen und Moos etwas backofenähnliches mit Rauchabzug zu erstellen, bis alles in roter Glut zusammenbrach und nur der angekohlte Baum an seinem Fußende noch von unseren Übeltaten sozusagen in schwarzer Schrift weiterhin Kunde geben konnte. Zu Hause wieder angekommen, gehörte allerdings manchmal der ganze Phantasiereichtum dazu, um von harmloseren Waldabenteuern zu berichten und die Mutter abzulenken. Zudem mußte das Zeug, das man angehabt hatte, gehörig in den Wind geschlagen worden sein, um die richtige, die neutrale Geruchsausstrahlung an sich zu haben.

Einer der Waldkameraden hieß, glaube ich, Wisslohs Heini. An diesen mußte ich denken, als ich kürzlich von dem berühmten Tierforscher Professor Konrad Lorenz den Satz zu lesen bekam: „Der Mensch ist gar nicht böse von Jugend auf.“ Vielleicht sollte man besser sagen, er weiß nicht, was gut oder böse ist. Jedenfalls habe ich als Kind bei ihm, bei Wisslohs Heini hinterm Haus, nach dem Krusenberg in Barrien zu, gelernt, wie man junge Katzen umbringt, was ich deshalb erwähnen muß, weil ich die Exekutionen an den noch blinden Tieren völlig unbeteiligt betrachtete und mitmachte. Es ging, wenn man so wollte, um die Wette. Es galt, einem Teil der Tiere mit dem Spaten, möglichst dreien auf einmal, den Kopf abzustechen, wobei nur ein Stich erlaubt war. Im übrigen wurden die überlebenden mit den geköpften zusammen dann spatentief „eingekuhlt“. Ich habe die helle Sandfarbe der Erde dort noch gut in Erinnerung, weiß auch noch, daß Heinis Bruder dazu kam und bemerkte, man könne kleine Katzen ebenso gut umbringen, indem man sie in einem Mehlbeutel stecke und diesen mit Steinen beschwert in die Hache werfe. Und Katzenfleisch sei für Krebs und Aal da bei der Wassermühle immer noch die größte Frühjahrsdelikatesse.

Ich hätte unserem Deutschlehrer Dr. Bargmann auch auseinandersetzen können, wie Dorfjungen es in ihrem Kuhdorf fertigbringen, Eichhörnchen zu fangen. Wisslohs Heini war dabei unser Anführer. Und wie gern schlossen wir uns ihm an! Hatte man im Wipfel eines Baumes ein Kateekerchen ausgemacht, so brauchte man nur eine Handvoll fester Knüppel, um damit laut schreiend an die Stämme zu schlagen, unten laufend also das Tier hoch oben zu jagen und zu immer gewagteren Sprüngen von Krone zu Krone zu bringen – bis es sich übermüdet und kraftlos auf den Waldboden fallen ließ und in Heinis Beutel gesteckt werden konnte. Mir gefiel es aber nicht, daß es bei ihm dann in den Kaninchenstall kommen oder später gar ausgestopft werden sollte. Weil ich einmal hinterher heimlich die Stalltür bei ihm aufgemacht und dem Baumbewohner die Freiheit geschenkt hatte, gab es einen haushohen Krach, den ersten in Barrien, der mit einer zerrissenen Bluse bei mir endete, – Gott sei dank, nicht mit einer Sonntagsbluse, aber doch mit einer blutenden Nase.

Daß wir ansonsten unser Waldläuferdasein immer am Sonntag und nachmittags zu genießen pflegten, ist mir in Erinnerung geblieben, weil es bei unseren Baubemühungen einmal einen Unglücksfall mit sehr viel mehr als einer blutenden Nase gab. Die Sache hätte tödlich ausgehen können. Wir hatten aber wohl einen Schutzengel mit. Oder muß ich sagen, *ich* hatte einen Schutzengel mit? Jedenfalls war es so, daß man mir unter Umständen die Schuld wohl hätte zuschieben können, war ich es doch, der mit dem Beil in der Hand einen Baum erklettert hatte, oben irgendwie nicht zurechtkommen konnte, meinen Zwillingsbruder aufforderte, zu mir zu kommen und bei diesen Worten das Beil an einem der Kiefernzweige, um die es wohl ging, so aufhängte, wie man eben ein Beil hinhängen kann. Allein, ein Beil, nicht mehr in der Hand des Menschen oder eines spielenden Knaben, hat so seine eigenen inwendigen Gesetze, es läßt sich nicht einfach hinhängen. So ist zu sagen, daß Otfried kommt, daß er unter dem Baum stehen bleibt, unter dem Baum steht, dicht am Stamm, daß sich hoch oben das Beil aber ohne zu zögern sozusagen eine andere Stellung sucht, sich in der Luft um sich selber dreht, um den schwereren Teil nach unten zu bringen, daß es seinen Platz oben am Baum fahren läßt und fällt. Ich sah es, und schneller noch als das Beil fallen konnte, mußte ich denken, daß eine Spitze des Beils den Bruder unten haarscharf jetzt mitten auf den Kopf oder in den Nacken treffen würde. Und sah doch noch, daß das fallende Beil in sich selber eine winzige Bewegung machte, so, daß nicht mehr eine Spitze, sondern daß die volle Breitseite nach unten zielte. Diese Breitseite, ich sah es, fiel dem unten Stehenden, meinem Bruder, dann auch wie befürchtet auf den Kopf, genau mitten auf den Kopf, fiel ihm in seine jungenshaften Haarbüschel hinein, stand ein winziges Weilchen ohne weiter einzudringen, und kippte dann, wie erschlafft oder haltlos geworden, um. Doch Otfried kippte nicht um! Ich glaube, ich stellte es aufschreiend fest. Aber dann floß das Blut, floß ihm über die Ohren und verschmähte in seiner roten Fülle auch das Gesicht nicht.

Den weiten Weg durch die „Fuhren“ bis zum Dorf, den wir Zwillinge mit durchbluteten Taschentüchern allein zurückzulegen hatten, denn die Kameraden hatten sich bald verdrückt, und auch den Heimweg dann durchs Dorf auf unser Haus zu, habe ich natürlich nie vergessen können. Noch viel weniger den Eintritt ins Haus und den ins Wohnzimmer, wo die Eltern – das fehlte auch noch – mit feierlichem Besuch an der

Pfarrhaus in Barrien, Eingangsseite, rechts Schlafzimmer der Zwillinge

sonntäglichen Kaffeetafel saßen und wo man alles andere als die Rückkehr eines blutüberströmten Kindes erwartet hatte. Daß mich kein strafender Blick traf, auch vom Vater nicht, muß ich erwähnen, noch mehr aber wünschte ich, die stille Ruhe schildern zu können, mit welcher unsere Mutter den Unglücksfall aufnahm, und wie sie alsbald mit behutsamer Schere die Wunde auf dem Kopf freilegte und dann mit einem Schwämmchen betupfte – so gut sogar, daß kein Arzt gebraucht wurde. Welche Farben frische Schnittflächen im menschlichen Kopffleisch aufzuweisen haben, ist mir seitdem bekannt. Im übrigen hatte das Geschehen keineswegs weitere Folgen, zumal die Blässe in Otfrieds Angesicht sich bald verlor und die Wunde schnell verheilte, – nur daß uns kein Beil für den

Die Mutter

Sonntagnachmittag im Wald mehr bewilligt wurde, was ja genau genommen vorher auch nicht der Fall gewesen war. – –

Ich weiß nicht, wie es angehn konnte, daß die Klassenkameraden in Bremen von diesem Vorfall Kenntnis erhielten. Oder war es so, daß der Otfried Schmidt mit verbundenem Kopf im Gymnasium erschienen war? Nicht etwa jedenfalls, daß ich sozusagen als Hauptbeteiligter einen neuen Spitznamen erhalten hätte, doch war ich im Ansehen einiger Mitschüler merkwürdigerweise auf einmal gestiegen, traute man mir doch wahrhaftig zu, das Beil wie ein Indianer gehandhabt und etwas Außerordentliches an Mut dabei gezeigt zu haben. Das war natürlich dummes Gerede, ja dummes Zeug, und doch taucht in diesem Zusammenhang die Frage auf, ob auch ein Knabe schon wie ein Erwachsener etwa von Ehrgeiz besessen sein kann? Ich glaube, ich war es in gewisser Weise. Da ich mich aber in den schulischen Dingen vor der Klasse, wie erwähnt, niemals hervortun konnte, blieb mir nur außerhalb der Schule ein Feld zu beachteten Betätigungen, dies um so mehr, als ich in der Quarta prompt sitzen geblieben war, von meinem „besseren" Zwillingsbruder gewissermaßen also Abschied zu nehmen hatte. Ja, ich war mit dem schlechtesten Zeugnis, welches wohl jemals im Alten Gymnasium zu Bremen ausgestellt worde ist, nach Hause gekommen (nur in Religion hatte ich als Pastorensohn noch genügend) – alles so misrabel, daß sogar mein Vater tröstend mir gegenüber bemerkte, solch ein Zeugnis hätte ich nicht verdient.

Dies war nun zwar durchaus keine Forderung, mich irgendwie und irgendwann außerhalb der Schule hervorzutun, doch blieb die Meinung der Klasse, ich sei ein besonders mutiges Stück, merkwürdigerweise an mir hängen. Die erste Gelegenheit, dies zu zeigen, ergab sich beim Schwimmen in der Badeanstalt am Bahnhof. Die ganze Klasse, Quarta noch oder schon Untertertia (also ohne den Zwillingsbruder), war da, alle konnten schwimmen, doch keiner wagte es, mit einem Kopfschuß vom Sprungbrett ins Wasser zu tauchen, bis ich es den Mitschülern vormachte, ja ihnen tollkühn sogar vorführte, daß man mit dem Sprung auch einen Salto überm Wasser verbinden konnte. Das war gewiß kein elegantes, gewiß nur ein ziemlich verdrehtes und nicht für die größere Öffentlichkeit bestimmtes Knabenkunststück, aber es trug doch zu meinem Ansehen und zu meiner Selbstachtung bei. Ich nahm es schon gelassen hin, daß der Rademacher aus der Klasse bemerkte, er hätte sich ein Landkind wie mich niemals mager, sondern immer gut gepolstert vorgestellt. Ich aber war nicht nur der Kleinste in der Klasse, sondern auch ein dünnes Bürschchen.

Von einem solchen, der sich gleichwohl mutiger als die anderen zu erweisen hatte, ist im folgenden zu berichten, und zwar von einer ganzen Reihe von Mutproben an einem Tag, von Mutproben in Barrien, in Bremen und wieder in Barrien. Die Herausforderung dazu nahm ihren Anfang in der vorangegangenen Nacht, als ich, der ich zu zeigen hatte, daß ich keine Angst kannte, im schwachen nächtlichen Mondlicht allein zur Wassermühle an die Hache zu gehen und einen für die Schule bestimmten Aal heimzubringen hatte. Im übrigen ging es sogar um eine Belohnung, nämlich um eine Banane, also um eine Rarität für einen Dorfjungen.

Um zwei Uhr nachts hat man mich zur ersten Probe geweckt, und ich bin auch, aus tiefem Schlaf auffahrend, ziemlich schnell bereit. Ach ja, es geht um den Aal und um die versprochene Banane! Nur draußen vor der Haustür, im Schatten des Strohdachs, so meine

Erinnerung, zögere ich noch, in die Nacht hinauszugehen, denn als mich der Wind erfaßt, der mir dunkler und rätselvoller im Ohr zu rauschen scheint als sonst, kriege ich es wieder zu spüren, daß ich frühmorgens schreckhafter bin als abends, und einen Augenblick geht es mir durch den Sinn, daß ich auf die Herausforderer da im Gymnasium und deren Verlockung mit der Banane doch nicht hätte hören sollen. Ich hatte mir die Nacht aber düsterer vorgestellt. Im fahlen Licht der Juninacht ist von der altgewohnten Nachbarschaft doch manches zu erkennen, die helle Breitseite der Kirche voraus, die bunte Vorderfront von Kaufmann Seevers rechts, und mit ihren Zuwegen und Nebengebäuden die Bauernhöfe von Nüstedt und Reinecke. Nicht anders die Gerüche, die mir der Wind da zuträgt; sie erweisen sich als die alten dörflich bekannten. Es ist alles nur frischer und mehr mit Feuchtigkeit durchsetzt. Auch das Anwesen des Nachbarn Beckmann, mit den Holzstapeln und der Heuscheune weiter rechtsab, gibt sich, als ich stehen bleibe, deutlich in diesen Gerüchen zu erkennen. So scheint mir die Welt nicht allzu bös verändert, und ich mache mich mit meinem Angelstock unangefochten auf den Weg. Nur über den Kirchhof weg, auf die Schule zu, wo sich die Kreuze der Abgeschiedenen bleich zur Seite neigen, ist mein Herz, ich muß es bekennen, nicht ganz frei von Furcht, und als mir hinter der Schule unter den hohen Pappeln nicht weit von der Wassermühle plötzlich etwas Feuchtkaltes an die nackten Knie stößt, schrekken mich meine überwachen Sinne beinahe in die Flucht. Es ist aber, Gott sei Dank, nur Bello, der Hofhund des Nachbarn, der mich da begrüßt und

Barrien, Haus und Scheune des Nachbarn Beckmann

zugleich erschreckt. Aber wen geht das etwas an? Und ist die Wassermühle nicht schon längst etwas zu uns Gehöriges, innen und außen? Ist nicht der Müllergeselle unser Freund? Und sitzen wir Pastorenkinder, Jungs und Deerns, nicht manchmal abends am Kolk da im hohen Gras, um Lieder zu singen wie „In einem kühlen Grunde, da geht ein Mühlenrad". Jetzt ist es natürlich Nacht. die Aufgabe im übrigen, mit den herausfordernden, Bananen versprechenden Mitschülern so besprochen, ist nicht, sich frei von Furcht zu zeigen, sondern, ganz einfach, zu angeln, nach Mitternacht über den Kirchhof zu gehen, unterhalb des Wasserrades eine Zeitlang mit der Angel am Kolk zu stehen und mit einem gefangenen Aal zurück, d.h. damit nach Bremen und in die Schule zu kommen. Geht es doch darum, dem nicht gerade beliebten Professor Lüdecke, dem Geschichtslehrer der ersten

Kolk hinter der Wassermühle in Barrien mit Badegästen, Sommer 1917

Stunde sozusagen, einen Morgenschreck einzujagen. Denn der ist es, der mir, dem „Mett“ aus Barrien, zwei Stunden Nachsitzen angedroht hat, wenn ich wieder – für Lehrer und Schüler zum Verzweifeln – bei den Geschichtszahlen, d. h. bei den römischen Schlachten versage. – –

Nun, unser Onkel Dietrich aus Bremerhaven ist nicht umsonst bei uns zu Besuch gewesen; ich habe gesehen, wie man die Angel für den Aalfang mit dem Regenwurm versieht. Und bald ist die erste Banane verdient, der Aal steckt, zuletzt im Sand überwältigt, im Aalbeutel, hängt durchaus lebendig seine Zeit bis nach Bremen hin an meiner Büchertasche, um dann ebenso lebendig an der Dechanatstraße ins Lehrerpult hinabzugleiten. Man hilft mir dabei. Herrlich doch auch, sich vorzustellen, daß der olle Lüdecke sich vor dem Schlangenwesen verjagt zeigt und aufschreit. Aber die Klasse, ist sie jemals so lautlos, so erwartungsvoll still und doch lebendig gewesen wie an diesem Vormittag? Es geht in kameradschaftlicher Weise darum, die angedrohten zwei Stunden Nachsitzen für mich zu vereiteln. Allein der Unterricht verzögert sich, und noch und noch! Auch die andern Klassen an unserm Korridor scheinen ohne Aufsicht zu sein, fast ist es, als sei unsere ganze Anstalt von der Fröhlichkeit unbeaufsichtigter Schüler erfüllt – bis dann zu meiner großen, nicht auszumalenden Erleichterung unser guter Mathematikprofessor Dr. Schierloh statt des Geschichtsprofessors in die Tür tritt, um uns ohne Morgengruß in die Aula zu beordern.

Hatte er die Rolle eines Engels übernommen, eines Friedensboten? Ich mußte es denken, war es denn nicht so, daß der Direktor, der Herr Professor Dr. Koch, dort eine Botschaft mitzuteilen hatte, die genau genommen einzig und allein für mich wichtig war? „Gott sei's geklagt", sagte er nach einem stummen Gebet, denn von einem Todesfall sei das Gymnasium betroffen worden, und zwar von einem solchen im Lehrerkollegium und in aller Härte. Er habe die traurige Pflicht, der Schule mitzuteilen, daß der immer verehrte und kenntnisreiche Geschichtsprofessor Dr. Lüdecke, dem man unendlich viel zu verdanken habe, daß der seit der letzten Nacht nicht mehr am Leben sei. Der Herr Direktor zeigte sich, wie ich von meinem Platz aus festzustellen glaubte, sehr betroffen, ja sogar traurig, so weit das bei einem Direktor der höheren Schulen statthaft und denkbar war und so weit ich mir das überhaupt vorstellen konnte. Wir erfuhren, daß der „olle Lüdecke“ sich erschossen hatte, stellten aber auch fest, daß dies mit meinem Versagen in den Geschichtszahlen kaum etwas zu tun haben könne. Oder doch?

Nach der außergewöhnlichen Darbietung in der Aula war Pause, was uns, die wir uns ja durchaus nicht so betroffen wie der Herr Direktor zu zeigen brauchten, sehr gelegen kam, weil wir schnellstens jetzt den verflixten Aal aus dem Lehrerpult, aus dem Klassenraum und aus der Schule verschwinden lassen mußten. So ist denn zu berichten, daß während der Pause eine kleine, sich möglichst wegduckende Schülerschar im Laufschritt über Königstraße und Stavendamm der Weser an der Tiefer und unter den Zollschuppen zustrebte und daß dem Aal dort mit einer Fröhlichkeit sondergleichen und mit lautem Gelächter die Freiheit geschenkt wurde. Er lebte noch, und auch ich freute mich sehr dazu.

Merkwürdigerweise behauptete sich diese überströmende Fröhlichkeit indessen in der Klasse trotz der Trauerbotschaft und vielleicht auch wegen der Tatsache, daß mir keine kameradschaftliche Hilfe mehr zuteil zu werden brauchte, noch weit über die folgende Unterrichtsstunde hinaus. Daß ich den in der Nacht selbstgefangenen Aal mitgebracht hatte, war doch eine imponierende Sache! Was Wunder, daß einige wieder auf meinen Mut zu sprechen kamen, daß man mich für die große Pause wieder zu einer Mutprobe herausforderte und daß mir sogar noch eine zweite Banane versprochen wurde, wenn ich es fertig brächte, oben auf dem Dach über einen der offenen Lichtschächte zu springen.

In dem teilweise abgeflachten Dach des Gymnasiums, ziemlich in der Mitte, gähnte an gegebener Stelle die Öffnung eines Lichtschachtes, die durch ein Geländer nicht geschützt war und eine Größe von zweieinhalb bis drei Metern hatte. Nur auf Schleichwegen war dahin zu gelangen, und es stand auch hohe Strafe darauf, das Dach zu betreten. Die Untertertia aber hielt es mit dem guten alten Wort: „Die Bremer hängen keinen, sie fingen ihn denn!"; ihr waren die katakombenähnlichen Gänge im Keller des immerhin angejahrten Schulgebäudes ebenso bekannt wie der Sommers glutheiße Gang mit der eigenartig trockenen Luft, der zum Ausschlupf auf das Dach führte und über welchen an diesem denkwürdigen Vormittag zur Zeit der großen Pause eine wispernde Schar von Schülern nach oben schlich. Der zur Mutprobe Herausgeforderte bat zwar seinen guten Platznachbarn Heimbert Hinze vorsichtshalber noch, ihn festzuhalten, als sie sich mit sichernden Füßen oben, im kaffeeduftenden Wind, dem äußersten Rand des spärlich mit Gras bewachsenen Lichtschachtes näherten. Auch ihm fuhr, wie wohl zu merken, etwas von jenem Schreck in die Glieder, den ein gütiger Schöpfer den Menschenkindern mitgegeben hat, um sie zu warnen, als sie sich einer hinter dem andern hinüberbeugten und die Abstände der Fenster von Stockwerk zu Stockwerk nach unten hin abschätzten. „Ich geh weg!" sagte der gute Hinze. „Ich will damit nichts zu tun haben!" Doch blieb er da, zumal ihn der zum Springen Bestimmte festhielt und ihm zuraunte: „Ist ja nicht so schlimm! Ich spring mit dem Wind!" – „Du springst gar nicht!" rief Heinemann, und seine sanften rosigen

Backen zitterten. Prüße aber, der Größte von allen, drückte ihm die Hand auf den Mund und befahl zischend: „Erstens hast du hier oben nicht laut zu rufen, sonst setzt es was, und zweitens springt der Aalfänger sogar über die Längsrichtung, was, Mett? Das sind genau drei Meter!“ – „Nichts da, der Sprung geht wie bisher über die schmale Seite, sonst kann man ja auch gar keinen richtigen Anlauf nehmen. Also!“ Und wieder maßen sie die Breite des Schachtes ab.

Sie waren sehr aufgeregt und wurden blaß, als Mett oder Schmidtchen, wie sie ihn freundschaftlich herablassend manchmal auch nannten, die Schritte zum Anlauf sachlich ausmaß und kurz vor dem Schacht mit dem Hacken in das sandige Dach ein Zeichen für den Absprung kratzte. „Mit zwei Mann müssen wir auf der anderen Seite Hilfestellung geben“, keuchte wieder der schmale Heinemann, „es könnte ja so kommen, daß er rutscht, daß er zurückfällt!“ – –

Zweimal lief der Kleine namens Schmidtchen vergeblich. Das erste Mal stürzte ihm mitten im Anlauf der empfindsame Heinemann entgegen und jammerte: „Spring nicht, ich bitte dich, spring nicht, spring nicht!“ und riß ihn zu Boden, so daß sie beide in den Schacht gerollt wären, wenn nicht der große Prüße sich blitzschnell hingeworfen und sie aufgehalten hätte. „Man muß sich einfach vorstellen, da ist gar kein Loch, da ist bloß 'ne Sprunggrube!“ stieß der Kleine hervor, aber er war, wie er auch selbst feststellte, jetzt doch ein bißchen atemlos, und der Mund schien ihm ausgetrocknet zu sein.

Er lief das zweite Mal, drehte aber, als er sah, daß sich die Kameraden auf der anderen Seite die Augen zuhielten, kurz vor dem Schacht ab. Beim dritten Versuch endlich störte ihn nichts mehr. Prüße, der Größte von ihnen allen, hatte drüben die Hilfestellung übernommen und machte ihm Mut mit blitzenden Augen. Ihr Schmidtchen, sie sahen es, holte mehrere Male tief Luft. Daß er plötzlich an seinen Vater denken mußte, der ihm gewiß wieder mit einem unbegreiflichen Strafgericht kommen würde (und auch an ein schönes Mädchen namens Emmel aus dem Schülerzug), sahen sie natürlich nicht. Doch dann hatten sie festzustellen, daß er genau den abgemessenen Anlauf nahm, kurz vor dem Zeichen absprang und drüben ein gutes Stück hinter dem Rand landete, ohne den Schacht beachtet zu haben. Der lange Prüße fing ihn auf mit den Worten: „Tjawoll, so springt der Hecht!" und flog ein Stück mit ihm zurück, stemmte ihn hoch und rief, nun selbst alle Vorsicht gegenüber den Schulgewaltigen vergessend: „Da, da! Der Kleinste ist größer als ihr alle! Her mit der Banane, die er, weiß Gott, verdient hat! Und wer ihn jetzt noch anrührt, der soll wissen, daß er auch mich zum Feinde hat!" Und wirklich, als der elegante Schröder in der nächsten Pause herablassend bemerkte, Dorfschmidtchen sei wohl im Begriff, Artist zu werden, fuhr Prüße ihm sofort an die Kehle. – –

So viel von meiner „gymnasialen" Mutprobe. Daß dies alles (und vom Vormittag an) mein Herz und mein Gemüt noch bewegte, als ich in scheuen Gesprächen mit meinem neuen Freund Prüße aus Leeste, der mich jetzt Schmidtchen nannte, aber mit zwei Bananen in der Tasche nach Schulschluß diesmal durch den Glockengang und über den Wall dem

Bahnhof in Bremen zustrebte, ist wohl zu verstehen. Unangefochten sollte ich indessen nicht durchkommen. Irgendwie hatten die „Großen“ davon Wind gekriegt, daß mich die ungefähr gleichaltrige Arzttochter aus Kirchweye, die hübsche Emmel, zudem die Älteste auch von Zwillingen, die immer mit im Schülerzug saß, daß die mich in besonderer Weise anzog. Versuchte ich nicht manchmal sogar neben ihr zu sitzen?

An diesem Tage achtete ich nicht darauf, daß die Großen, die ja immer ihr eigenes Leben führten, im Zug ungebärdiger waren als sonst. Ach, meine Welt war in dieser Stunde wirklich nur eine innere Welt, der Nachklang der beiden nicht unbeachtet gebliebenen Leistungen dieses Vormittags floß mir zudem jetzt zusammen mit einer holden Gegenwart an meiner Seite. War es nicht so? Ja, die Emmel saß bei mir, sie war im Begriff, meine Bananen mit mir zu vertilgen, sie mit mir zu teilen, ich saß neben ihr, und alles war gut. Und hatte ich ihr nicht unendlich viel zu erzählen? Sie hatte ja doch keine Ahnung davon, wie man einen Aal an die Angel holt, wußte auch nicht, daß wir zur Sommerzeit nachts zu mehreren öfters an die Hache zogen, um Aale zu „plumpen“, was uns ein Bruder unserer Mutter beigebracht hatte, der immer bewunderte Onkel Dietrich aus Bremerhaven, der ein breites Netz am Stiel besaß und herzubeordern wußte, ein Netz, in welches wir Jungens die Aale mit „Plumpstöckern“ hinein zu treiben hatten, manchmal mehr, manchmal weniger, je nach dem Wetter. Und mit der Hand waren sie im Dunkeln aus dem Netz zu holen. Abenteuerlich! Ach, viel war zu erzählen, so auch, daß ich bei dem Onkel gelernt hatte, sie zu räuchern. In einer Zementtonne ging das vor sich, mit einem behutsam in Gang gehaltenen Torffeuer und großem Blechdeckel darüber! Aber Buchenholz mußte dabei sein, sonst schmeckten sie nicht, und die Aale mußten vorher, natürlich von mir, ausgenommen sein und gesalzen. Das Schönste aber war immer, daß wir nach der „Plumpnacht“ völlig durchnäßt und verdreckt wie die Leute aus dem Schlammbad wieder in die Küche kamen. So wußte ich viel zu erzählen und war glücklich, eine so aufmerksame Zuhörerin zu haben. Und es schien da in unserm kleinen Umkreis wirklich alles gut bleiben zu wollen, bis vom Fenster, d. h. vom Durchgang zum Nebenabteil, her plötzlich „Silentium“ geboten wurde, und Irene, eines der großen Mädchen von der Kippenbergschule, zu uns trat und anfing, sowas wie ein Gedicht vorzubeten oder vorzudeklamieren. Allein, ich wurde erst aufmerksam, als meine Ohren zu hören kriegten, daß da von einem sonderbaren Herzensthron die Rede war, von süßem Lohn auch, daß aus der Emmel eine Immel und ein Himmelskind geworden war und daß dieses himmlische Kind wahrhaftig von einem im Grunde unbedeutenden Altersgenossen aus Barrien angebetet wurde. Das Gedicht berichtete überdies von einer Badeszene am Kirchweyher See, in welcher sich ein kaum bekleideter Knabe hinreißen ließ, seine Begleitung nicht nur zu umarmen.

So weit hatte ich, halbwegs versteinert, alles angehört, als der erste Lachschauer über uns niederprasselte. Aller Augen, alle Gesichter sah ich zudem noch auf mich gerichtet, doch von Fratzen, ja von Biestern sah ich uns jetzt umgeben. Als es dann wieder „Silentium“ hieß, zersprengten Scham und Wut den Mantel meiner Lähmung, wie nie geahnt. Ich fuhr hoch, ich schlug dem großen Mädchen Irene die Poem-Fetzen aus der Hand, warf ihr den Rest meiner Banane in die Augen und sprang ins Nebenabteil. „Gemeinheit!“ hörte ich Prüße noch rufen, der sofort den Zugang zum benachbarten Abteil besetzte und von den großen Mädchen keines zu mir mehr durchließ.

Ich mußte meinen Kopf kühlen. Als ich aber zum Fenster hinaussah, kam im Nachbarfenster auch Emmels brauner Pagenkopf eben zum Vorschein und nickte mir mit wehenden Haaren freundlich und unbekümmert zu. Gott ja, mit kleinen Neckereien hatten wir uns sonst wohl von Fenster zu Fenster unterhalten, mit dem Zugwind hatten wir uns kleine Briefversuche an langen Zwirnsfäden zutragen lassen, Papiergirlanden wußte ich ihr manchmal von weither um Schultern und Hals zu legen, und hatte mich dann gefreut, sie so schmücken zu können, wie ich es aus der Nähe doch niemals gewagt hätte. Jetzt aber war mir, der ich früh also schon erfahren mußte, daß die Liebe das Ziel des Spottes ist, zumal bei den Schülern, nicht so zumute. Scheu zog ich mich in eine Ecke zurück und ließ an ihrem Fenster die Emmel allein.

Als der Zug in Barrien angekommen war, suchten mich die anderen vergebens. Ich war schon in Kirchweyhe auf der Rückseite des Zuges in den ersten Wagen umgestiegen, auf der Station Barrien dann als erster durch die Sperre, schnell über die Schranke, und, vor der Lokomotive hin, über die Gleise gesprungen. Als die Großen mit meinem Zwillingsbruder und den Schwestern unter den Schranken herauskamen, lief ich schon so weit vorn auf unserer ländlichen Bahnhofstraße, daß mich alle lauten und etwa weiter foppenden Zurufe nicht mehr erreichen konnten.

Der Tag aber mit seinen merkwürdigen Forderungen war noch nicht zu Ende, wenn auch zunächst alles beim alten bleiben sollte. Wir kriegten unser aufgewärmtes Mittagessen vorgesetzt, und da es erst Kartoffelsuppe und dann Bickbeerpfannkuchen, des Vaters Lieblingsessen, gab (von Sophie, dem Dienstmädchen, im Eßzimmer wie üblich aufgetischt), ließ ich mir's auch schmecken. Dann aber rief unsere Mutter uns Geschwister mit ernsterer Miene als sonst zu sich in die Wohnstube. Sie hatte uns zu eröffnen, daß ein von ihr geflochtener Kranz in ein Trauerhaus, d.h. in die Brinkkate gegenüber unserm Schuster zu bringen sei, zu den Krönckes also, wo man den Tod der Tochter, einer sehr jungen, vorgestern an der Schwindsucht gestorbenen Tochter zu beklagen habe. Sie sah uns bittend und zugleich fragend an, und ihr Blick blieb, als die Geschwister verstummten, merkwürdigerweise an mir hängen. Was blieb mir anderes übrig, als mich wieder tapfer zu zeigen und den Auftrag zu übernehmen. Ich war noch in der Haustür, als ich hörte, daß die Sophie sehr aufgeregt mit der Meldung angelaufen kam: „Fro Pastoor, Fro Pastoor, dat Schaap hett 'n Bandworm!" – was mich aber weiter nicht aufhielt. Vielmehr beeilte ich mich, den Kranz bei Krönckes abzuliefern, wo mir in ihrem schwarzen Zeug die Mutter auf der kleinen Diele entgegenkam, um ihn mir abzunehmen. Glaubte ich aber, meine Aufgabe damit erfüllt zu haben, so hieß es alsbald, wenn auch in traurigem Ton: „Wullt ehr denn ok noch mal sehn?“, und schon sah ich mich an die Hand genommen und durch die kleine, nach frischem Butterkuchen duftende Stube in ein winziges Schlafgemach (zur Straße hin) gezogen, in welchem neben dem Bett ein Stuhl und eine kleine kistenähnliche Truhe grade noch Platz hatten. Und da lag, mit ihrem Schweigen den Raum füllend, die Verstorbene, die erste vom Tode abgerufene Menschengestalt, die ich zu sehen kriegen sollte. Ich konnte den Blick nicht von ihr wenden. Als die Mutter stehen blieb und still, jedoch tränenlos, die Hände faltete, tat ich es auch. Es kam mir vor wie das Gebet vor einer schlafenden, gleichwohl sehr anrührenden Madonna, zumal das helle Haar dieser jungen Tochter mit einem Brautkranz wie mit einer blütenreichen kleinen Krone geschmückt war. Die Augen waren geschlossen, allein, wie lieblich, wie unvergeßlich lieblich, und sogar noch mit rötlich angehauchten Wangen war dieses Angesicht!

Ich mußte aber irgendwie darüber hinwegkommen und ging von dem Trauerhaus wie gerufen in die gegenüberliegende kleine Kate, wo ich in seiner Werkstatt unseren bereits gut bekannten Kastendieksvadder, nämlich unseren Schuster, wußte. Viel hatte der immer zu fragen und zu erzählen, was einen auch in diesem Fall hätte ablenken können. Gern sah er es, daß man ihn besuchte, wenn auch nur zum Klönen. Als er jetzt aber von den Krönckes und von der schwindsüchtig dahingerafften jungen Metta zu berichten anfangen wollte, konnte ich ihn ablenken und das Gespräch wahrhaftig auf unser Schaf bringen, das ja einen Bandwurm haben sollte.

Der alte Schuster, der gerade dabei war, auf seinen Knien im Lichte der Glaskugel über ihm ein großes Stück Leder weichzuklopfen, kam wirklich von seinem Krönckethema ab. Er blickte mich über seine Brille besorgt an, legte den Hammer beiseite und sagte: „Busse, denn is keen Sümens Tied nich mehr. Stick et af, dat Schaap, ji hebbt 'r anners nix mehr von!" Ob ich mir das zutraue, fragte er, mich betrachtend, und ich verriet ihm nicht nur, daß ich auf dem Rathshof im Lande Kehdingen beim Schafschlachten oft genug zugekuckt, sondern hier in Barrien auch schon mehr als einmal von mir geschlachtete Hühner und auch Enten bratfertig für die Küche abgeliefert hätte. Ich fragte ihn, natürlich alles in Platt, ob es ihm auch schon mal aufgegangen sei, daß die Enten ihre Augen von unten nach oben zumachten, als sei nur von oben her Gefahr zu erwarten. Er lachte verständnisvoll, doch lachte er nicht mehr, als ich ihm offenbarte, daß ich mir beim Schlachten eine gewisse Untat hätte zu schulden kommen lassen. Ich wäre nämlich darauf gekommen, unserem fast ausgewachsenen weißen Kater, der beim Aalhäuten immer seinen Teil abgekriegt und dann wohlig-zornig geknurrt hätte, daß ich dem aus Jux mal Hühnerblut ins Gesicht gespritzt hätte – wenn eben der Kopf auf dem Haublock mit dem Beil abgeschlagen worden und das Blut des Schlachthuhns pulsend in die Luft geschossen war. Neuerdings aber hätte ich beobachtet, daß der Kater Neigung zeigte, den Hühnern nachzustellen. „De mutt ok weg!", sagte der Alte. „Un de Bandworm mutt int Füer oder in de Hach. Un hier is dat Mess för't Schaap. Ji hebbt dat woll nich paßlich!" Er hatte es inzwischen auf einem

Lederriemen nachgeschärft und drückte es mir in die Hand. – –

Zu Haus griffen wir, Otfried, Sophie (unser Dienstmädchen) und ich das Schaf, fanden ihren Befund vom Bandwurm bestätigt, und ich schlachtete es wie in Hamelwörden beobachtet bei uns hinterm Haus auf dem Hof, indem ich den Hals zurückbog und bis ins Blut hineinschnitt, wobei die Beine des auf einen Stuhl gepackten Opfers durch die Lehne gesteckt und zusammengebunden wurden. Natürlich wußte ich auch, wie das Schaf, nachdem es abgeblutet und breitbeinig an einem Knüppel aufgehängt worden, abzuziehen und auszunehmen war. Ich muß meine Sache wohl einigermaßen gut gemacht haben, denn die gestrenge Tante Pauline, die Lehrerin aus Freiburg, die gerade zu Besuch da war, bemerkte, ich sei zwar sonst nicht gerade gut in der Schule, zeige jedoch im Technischen und in den Handfertigkeiten eine bemerkenswerte Begabung.

Unser Kater hatte mich bei meiner blutigen Arbeit lungernd umkreist. Als ich aber zu sehen kriegte, daß er drauf und dran war, sich eine junge Henne zu erjagen, beschrieb ich dies unserm Nachbarn Nüstedt, und der sagte Hilfe zu. Was zur Folge hatte, daß ich an diesem Tage dreimal dem Tod ins Auge zu blicken hatte, dem beneidenswert lieblichen im Hause Kröncke, vor welchem man lernte zu beten, dem Tod als alltäglichen Handwerker bei unserm Schaf und dem grausigen, an dem ich letztlich schuldig war. Hatte doch der Nachbar Nüstedt unseren Kater gegriffen, in einen Kartoffelsack gesteckt und mit dem Dreschflegel totgeschlagen. –

Dies allerdings war gegen Abend schon gewesen, als auch noch der Hof von Borstelmanns am Sünnenbarg zu unserer Aufregung abbrannte, als uns der Bürgermeister, unser Nachbar Reinecke, aber verbot, uns dem Feuerplatze, einer Stelle oder Stätte mit dem vierten Antlitz des Todes für mich, zu nähern. Wir Jungens hatten die Wasserpumpe der Feuerwehr an der Hache, ein paar hundert Meter vom brennenden Hof entfernt, mit zu bedienen. Und da war auch der Nachbar Nüstedt, der nebenbei bemerkte, er habe sich erlaubt, unsern weißen Kater totzuschlagen. Er liege ungefährlich für unsere und seine Hühner bei ihm auf dem Misthaufen. – – –

Daß ich nach einem solchen Tag noch schlafen konnte, ist fast ein Wunder. Wie sehr hätte mir ein gutes Gespräch geholfen. Waren meine Eltern dazu wohl nicht geboren? Ich wünschte mir den Opa Kastendiek oder die liebliche Metta Kröncke dazu. Doch die lag auch erschlagen da.

Daß man von der Barrier Kirche, die ja bei uns sozusagen vor der großen Dielentür lag und zur nächsten Nachbarschaft gehörte, eigentlich als von einer Bartholomäus-Kirche zu sprechen hatte, ist uns in unseren Jungensjahren nie bewußt geworden. Es war eben unsere Kirche und weiter nichts, und der längst eingeebnete, mit Rasengrün überzogene, dazu mit ein paar letzten eisernen Grabkreuzen noch verzierte Kirchhof war, zumal neben dem Schulhof gelegen, eigentlich ein Spielplatz, wie nicht besser zu denken – bei beginnender Dämmerung auch der beste Ort fürs „Versteckenspielen“. Ich hatte viel für die alte Kirche mit ihrem wuchtigen Vierkantturm über, und gar zu gern gingen wir, auch mit den Lehrerssöhnen zusammen, in ihrem Innern auf Entdeckungsfahrten. Schon die düsteren Turmtreppen hinter der Orgel und die ebenso düsteren Türen zum Kirchenboden hinauf waren ja wie aus einem Abenteuerbuch. Herrlich, aus den Schalluken da oben über Schule, Mühlenteich, Wassermühle und das Dörfchen Gessel nach Nordwesten hin zu blicken, übers Dorf mit seinen Strohdächern hin aber nach Süden und Osten. Daß dieser Teil der Kirche für uns eigentlich der liebste war, durften wir zu Hause besser nicht verraten. Natürlich hätten wir gern eine Handvoll von den mulligen Fledermaushinterlassenschaften von da oben vorgezeigt, doch wem imponierte das schon! Dann schon eher die Tatsache, daß wir hin und wieder die Glocken zum leisen Dröhnen zu bringen, die riesigen zinnernden Baßpfeifen aus der Vorderfront der Orgel herauszunehmen wußten und daß unser Atem wahrhaftig mächtig genug war, die tiefen-tiefen Töne dieser Baßpfeifen in der Kirche mal laut werden zu lassen. Bei solchen Gelegenheiten stellten wir dann auch fest, daß unser Körpergewicht nicht ausreichte, die zur Orgel gehörenden Bälgen 'runterzutreten; wir Zwillinge schafften es nur zusammen.

Ich kann nicht sagen, daß ich für den andern Teil der Kirche nicht eben so viel über gehabt hätte, wenn auch der bald kommende, mit mahnendem Zeigefinger untermalte Zwang, jeden Sonntag zur Kirche zu gehen, sein Lästiges hatte. Abgesehen von der Predigt war ja vom Gottesdienst alles wohl zu „verknusen", dies um so eher, als in der Barrier Kirche immer kräftig gesungen wurde. Und das war ja was für mich! Wir hatten unseren Platz rechts vorn, vom Altar her gesehen, d.h. unter dem noch gotisch verbliebenen, mit einem blauen Sternenhimmel übermalten altkirchlichen Raumteil, mit dem Blick indessen auf den Taufstein, rechts von uns, von dessen Inschrift die von unserm Platz sichtbaren Wortteile „KIRCHEN-ZIE“ mir immer rätselhaft bleiben sollten. Über uns war die von außen zugängliche kleine Empore der Leute von Pennigbeck, hinter uns der Sitz der Kirchenvorsteher. Davon muß ich berichten, weil zu diesen in meiner Jungenszeit auch der etwas dick geratene Meyer-Schöttelkamp gehörte, der neben der kräftigen Stimme eine besondere Art zu artikulieren hatte und der, hinter uns sitzend, nicht damit sparte, diese uns in die Ohren zu posaunen. Er sang z.B., und sozusagen aus dem Brustton der Überzeugung: „Zeu-iech Ehahrenkö-i-nieg ba-ie mi-a ei-ien, kamm, kamm, verwaiile nich, kamm, laß miech ganz dai-ien Ei-ie-gen saiihn, kamm, ouh mai-ien Gnaden-liecht“. Ich machte mir gern einen Spaß daraus, ihn zu Haus nachzumachen, mußte es aber bald erleben, daß mir dies verboten wurde.

Gott sei Dank gab es ausnahmsweise auch kirchenzwangslose Sonntage, an welchen wir uns ins Dorf verdrückten und an welchen unter anderem dann festzustellen war, daß jedes zur Kirchengemeinde gehörige Dorf seine besondere Wirtschaft, seinen besonderen Ausspann hatte; die Okeler waren bei Maaß-Lindhoff anzutreffen, die Ristedter bei Hollwedel, die Fahrenhorster bei Kayhausen, die Osterholzer bei Meyer. Für mich war es besonders erfreulich, daß immer, und besonders bei Hollwedels, eine Menge Fahrräder abgestellt waren. Ich muß bekennen, ich habe es diesem Umstand zu verdanken, daß ich mit dem Fahrrad zu fahren lernte, – fanden sich da doch stets kleinere, sozusagen auf meine Figur zugeschnittene Räder, die sich nach etlichen Ausflügen bis zum Bahnhof und zurück rechtzeitig und unversehrt auf ihrem Platz wieder einfanden, was bei meines Vaters Rad, wie er manchmal glaubte feststellen zu müssen, nicht immer der Fall war.

Der Sonntagvormittag hatte im übrigen immer auch sein besonderes Gesicht, ein stilleres eigentlich. Da war doch unsere Mutter in der Zeit vor dem Mittagessen immer am Klavier anzutreffen – wenn sie in der Küche ihre letzten Anweisungen gegeben hatte. Ja, da saß sie, sozusagen in dem vom Blumengarten hereinfallenden Sonnenlicht in der „Wohnstube“ und sang für sich *ihre* Lieder aus dem „Sonntagspsalter“, oder wie es hieß, wie z. B. „Unter Lilien jener Freuden sollst du weiden, Seele, schwinge dich empor“ und ähnliches, was wir allerdings nicht oft mitsangen. Dann aber dauerte es nicht lange, und einige von ihren Kindern hatten sich bei ihr eingefunden, wozu ich dann auch gern gehörte, und nicht zuletzt Mia, unsere Schwester, die als Kind schon einen gern zu begleitenden Alt aufzuweisen hatte. Choräle oder choralähnliche Hymnen, die nicht im Gesangbuch standen, wie „Großer Gott, wir loben dich, Herr wir preisen deine Stärke“ sangen wir da, aber auch das aus dem Niederländischen kommende „Wilhelmus von Nassauen“, in welchem es ja hieß: „Mein Schild und meine Zuversicht bist du, o Gott, allein“, dazu das Alt-Niederländische „Wir treten zum Beten vor Gott, den Gerechten“, doch manchmal auch das von unserer Nordseeküste kommende: „Wie mit grimmgem Unverstand Wellen sich bewegen“ mit seinem anrührenden Schluß: „Christ, Kyrie, komm zu uns auf die See!“

Natürlich war das sonntägliche Mittagessen immer ein Festessen und eigentlich immer etwas Besonderes, schon allein deshalb, weil wir Fahrschüler dann mit der ganzen Familie versammelt waren. Es war eigentlich immer eine große Eßtafel, mit über zwölf Personen, an der selbstverständlich unser Vater präsidierte. Rechts von ihm hatte Mutter ihren Platz, links von ihm etwaige Gäste (zu welchen zu meiner Zeit auch unsere Großmutter mütterlicherseits gehörte). Unten am Tisch saßen wir Kinder. Daß wir vom Sonntagsbraten, von der Suppe, vom Gemüse, vom Nachtisch immer den uns zustehenden Teil abkriegten, war selbstverständlich. Wir brauchten nie wie die Luchse nach oben zu schielen oder zu verstehen geben, daß die Schüsseln endlich zu uns runter kämen. Wenn ihm der Tisch unten zu lebhaft wurde, klopfte unser Vater nur kurz mit Zeige- und Mittelfinger aufs Tischtuch, und alles am unteren Ende der Tafel verstummte. –

Einmal hatten wir in unserer Barrier Zeit auch ein großes Fest. Unsere Großmutter, die viel geliebte, mit der wir heimlich abends Karten spielten, hatte Geburtstag. Sie wurde 75, und die ganze Verwandtschaft war da, ihre Kinder, Söhne, Töchter, Schwiegerkinder mit Neffen und Nichten, dazu Enkel und Urenkel, alles war da, und ich sehe, da es Sommer war, den riesigen festlichen Kreis noch unter den blühenden Kastanien sitzen. Unser Onkel Dietrich aus Bremerhaven sang mit der von der Mutter ererbten herrlichen

Stimme seine Lieder. Unser Vater hatte sogar Gelegenheitsgedichte gemacht, was er wohl konnte, und alle zusammen sangen wir für die Großmutter immer wieder ein Lied, und das draußen vor der Tür, ein Lied im festlichen Chor. Für mich allerdings hatte das Fest keinen so guten Nachklang. Wir hatten einen Aufsatz über ein besonderes Ferienerlebnis zu schreiben. Und natürlich waren in der Klasse höchst „besondere" dabei, vom Rhein, von Oberstdorf, von Berchtesgaden, von Innsbruck und sogar von Lugano, wie in einem A. G. nicht anders zu erwarten! Ich konnte mich dagegen nicht behaupten. Ich sehe den Herrn Dr. Bargmann vielmehr noch mit meinem Aufsatzheft in der Hand dastehen und höre ihn abschätzig verkünden: „Er schreibt über den Geburtstag seiner Großmutter." Als ob das ins Gymnasium gehörte! Aber das nebenbei.

In diesem Zusammenhang ist zu erwähnen, daß in den Ferien auch die beiden größeren Brüder Kurt und Rudi von Schulpforta (!), wo sie erste Klassenplätze innehatten, zu Haus waren. Meine Erinnerungen an diese Musterschüler sind nicht ungetrübt, denn bei Kurt, dem späteren großen Gelehrten, hatte ich Privatstunden in Latein und Griechisch, und gnadenlos kam es dabei vor, daß er mich nachts aus dem tiefsten Schlaf hochrüttelte, mich anschrie mit der Frage aus dem Griechischen: „TITEMI – AVERBO?", und mich nicht eher freiließ, bis ich halb schlafend richtige Antworten gegeben hatte. Ansonsten war das Verhältnis zu diesem Bruder das schlechteste nicht, doch war er ein ausgesprochener Theoretiker, der gern und viel redete, alles und jedes von allen Seiten betrachten mußte, der über meine Schulaufsätze mit bedenklicher Miene den Kopf schüttelte, dem ich in praktischen Dingen indessen durchaus überlegen war. Er war es, der die Eltern dazu brachte, hinten im Obstgarten Bienen aufzustellen, der natürlich unendlich viel über Bienenhaltung zu sagen wußte, doch selbst nie eine Hand rührte. So war ich es denn auch, der vom Nachbarn im Eimer frisch-warmen Kuhmist zu holen hatte, um nackt-händig die Körbe damit zu bestreichen (bei welcher ausgedehnten Gelegenheit ich das schöne Lied von ‚Nüsteern Fidi', dem Knecht, lernte: „Es schlief ein Graf bei seiner Magd bis an den frühen Morgen. Und als der helle Tag anbrach, da fing sie an zu weinen"). Er, der Bruder, hatte auch am „Schlatt", nach Sudweyhe-Jebel zu, eine Heidefläche entdeckt und ruhte nicht, bis der Entschluß verkündet wurde, die Bienen auf der Schiebkarre dorthin zu schaffen. Keine Frage, daß ich die Karre zu schieben hatte. Übrigens ereignete es sich in diesen Tagen, daß wir, gegen Abend entdeckt, einen Bienenschwarm hatten, daß unsere Mutter selbstverständlich mir mit dem Ersuchen kam, den Schwarm „einzukriegen". Der saß gar nicht hoch und von unten also gut erreichbar an den Seitenzweigen eines Apfelbaumes, und ich dachte, er würde mühelos in einen Korb zu schütteln sein. Dabei übersah ich aber, daß er an zwei sich kreuzenden Zweigen hing. Als ich also den vermutlich richtigen Zweig rüttelte, rührte ich über mir nur die Bienenmasse durcheinander und erreichte damit, daß der halbe Schwarm auf mich herabfiel. In meinem Leichtsinn hatte ich keine Haube aufgesetzt und kriegte den Bienensegen zu einem guten Teil in meinen Jackenausschnitt hinein. Daß mein großer Bruder mit seinen langen Beinen gut laufen konnte, durfte ich dann auch entdecken. Er half mir aber immerhin, die Stacheln aus der Haut zu schieben. Dabei mußte er es dann allerdings erleben, daß er ob seiner prahlerischen imkerlichen Weisheiten einmal ausgelacht wurde, und zwar von einem wirklichen Imker. Das war niemand anders als der ältere Amtsbruder unseres Vaters, Pastor Seebo in Syke, der uns zu den Bienen auch verholfen hatte. Unsere, von Bruder Kurt entdeckte, Heidefläche da am Schlatt sei viel zu klein, sei keineswegs als Bienenweide zu bezeichnen. Er bringe seine Völker zusammen mit denen eines Syker Gärtners und Imkers per Bahn nach Barnstorf in die dortige Heide, und zwar heute noch. Wir könnten mitfahren, es sei noch Platz in dem bestellten Waggon. Dabei sah er meinen großen Bruder fordernd an. Doch hielt dieser es in diesem Fall für besser, stumm zu bleiben. Mir dagegen brauchte das nicht zweimal geboten zu werden. Eine Nachtfahrt mit einem Waggon voller Bienen! Großartig schon der Gedanke daran, großartig dann aber auch die Fahrt selbst mit dem dumpfen vielstimmigen Brausen, von welchem sich unser Waggon dann erfüllt zeigte, ebenso behaglich wie heimlich drohend, und das Stunde um Stunde.

Allein, es kam so, daß wir, der Amtsbruder unseres Vaters mit einem seiner Söhne sowie der befreundete Bienenhalter aus Syke, in Barnstorf angekommen und mit dem Waggon am Güterbahnhof wie üblich abgestellt, lange vergeblich über die Rampe weg in die Morgendämmerung hinein nach dem beorderten Bauernwagen ausspähten. Schon mußten wir bewußter in das Bienenbrausen hineinhören, und schon übertrug sich auch auf mich etwas von der allgemeinen Unruhe, wenn auch der pastorale Bienenfreund scheinbar ruhig noch seine Pfeife rauchte. Ich sah aber bald auch, daß man hin und wieder einen Korb ans Ohr und vor die Augen hielt, voller Sorge, daß die Völker, ungeduldig auf das Tageslicht wartend, sich zu lange in den engen Körben zusammengepfercht fühlten. Von einzelnen Bienen umschwirrt, prüften die von mir bewunderten Männer das Tuch, das unten jeden Korb verschloß, prüften auch die Papierpropfen, mit welchen die Fluglöcher verstopft waren. Dabei mußte ich es mir übrigens gefallen lassen, daß man mir mit höhnischem Lachen einen unserer Körbe vor die Nase hielt. Es tütete darin, und sehr vernehmlich. Wozu ich zu hören kriegte, daß jeder Ton letzten Endes nichts anderes sei als eine Klage über nachlässige Imkerei. Das Volk wolle schwärmen, schon rüsteten sich die jungen Königinnen in ihrem Korb mit Tüten und Quarren zum Kampf gegeneinander, und das, bitte sehr, wäre zu verhindern gewesen. Gott ja, ich hatte noch viel zu lernen.

Die Sonne stand schon ein Stück über der Kimm, als wir endlich das bäuerliche Gefährt, ein Fuhrwerk aus Plan- und Ackerwagen bestehend, herankommen sahen. Der Bauer, mit Vorwürfen empfangen, entschuldigte sich mit dem Hinweis, eines der Pferde habe sich festgeworfen gehabt. Da aber alle es jetzt eilig hatten, die Imker, die ihre Völker schnellstens aus ihrer Haft befreit sehen wollten, der Bauer, der als Milchwagenfuhrmann noch seine übliche Morgenfahrt zur Molkerei vor sich hatte, hielt man sich nicht lange mit Rede und Gegenrede auf. Schnell waren die zahlreichen Körbe und wenigen Kästen aufgeladen, und schon rumpelten wir, wie ich sah, eine Landstraße unter Birken entlang. Wir fuhren sogar Trab, wo das Pflaster es erlaubte, bogen in einen Feldweg ein und hatten dann wahrhaftig die Heide vor uns, die blühende Heide weithin, weithin in ihrer rötlichen Pracht. – –

Der Bauer, dem es schon zu spät geworden war, half zwar laufend und schwitzend den ersten Wagen abladen und die Körbe im weiten Halbrund ins Heidekraut setzen, geriet aber außer sich, als ihm zugemutet wurde, noch ein Stück weiter in das Heidland hineinzufahren.

War es nun seine Hast, oder war es der Ackerwagen, der ja nicht federte, war es der polterig-unebene Grund, mit den hohen Heidebüscheln, über den die Räder stoßend und manchmal hart niederschlagend hinweg mußten – auf einmal platzte eine Beute (ein Bienenkasten) auseinander, eine Wolke von Bienen hob sich vom Wagen empor und warf sich auf den Fuhrmann, auf den Imker und auf die Pferde. Jetzt wäre mein großer Bruder erwünscht gewesen! Als der Pastor, der, eine Haube über dem Kopf, bei unseren zuerst abgestellten Körben zurückgeblieben war, erschreckt herbeilief, sah er den Bauern mit Peitsche und Armen in der Luft herumfuchteln und sah, daß die Pferde sich auf die Erde warfen. Ich selber bemerkte noch, wenn auch schon von Bienen nervös gemacht, daß er sich im Laufen die Haube vom Kopf riß, sie dem Bauern zuwarf und ihm befehlend zuschrie, die Pferde auszusträngen. Während dieser aber zurücktaumelnd noch stehen blieb, riß er ihm die Peitsche schon aus der Hand, löste selbst die Stränge und schlug mit dem Peitschenstiel so lange auf die Tiere ein, bis er sie auf die Beine gebracht und sie mit mir zusammen ein gutes Stück (nicht ohne Drohungen gegen mich) weggezerrt hatte. Wenn auch der Bienenschwarm dann dünner und dünner wurde, so hatten wir doch mit ihnen, die unausgesetzt ausschlagend durchgehen wollten, unsere liebe Not. Schließlich war es möglich, die Zügelleinen um den Stamm einer Birke zu winden, wodurch es dann auch möglich wurde, die erbosten Immen aus den Mähnen und aus den Schwänzen der Pferde herauszupflücken. Es entging mir nicht, daß sich bei dem einen Pferd im Fell Quaddel um Quaddel bildete und daß es wie in Fieberschauern über den Braunen hinlief. Der Bauer selbst, über und über zerstochen, sprach kein Wort mehr. Gleichgültig sah er zu, wie die Imker schließlich seinen Wagen heranzogen und die Pferde anspannten. Er stieg auch auf, und es ging auch gut, wie wir glaubten feststellen zu können, zumal es zu regnen anfing. Dann aber war den Pferden wohl ein Brummer, eine Bremse oder bloß eine Fliege trotz des Regens zu nahe ans Ohr gekommen, sie gingen durch, und wir – nun, wir hatten das Nachsehen, wie man zu sagen pflegt.

Wir hatten dann auch bald das Nachsehen auf unseren ersten und einzigen Bienensommer überhaupt, wenn wir der Mutter immerhin auch einen kleinen Tortenboden mit Scheibenhonig überreichen konnten. Dann aber kam die große Frage nach dem Verbleib der Bienen im Winter. Natürlich hatte sich der große Bruder wieder das Nötige angelesen. Die Völker müßten abgeschwefelt werden, verkündete er, worauf von mir (und von wem denn wohl sonst?) ein Loch in den Rasen zu graben war. Dieses wurde sodann mit schwelendem Schwefel gefüllt und mit den Bienenkörben, d. h. mit den lebenden Waben, eins nach dem andern zugedeckt, eine im Grunde genommen scheußliche Sache, eine Vorahnung sozusagen vom Massensterben wie im Krieg. – –

Und war es nicht in diesem Jahr, daß wir mittags aus Bremen schlimme Nachrichten mitbrachten, einmal, durch Extrablätter verkündet, vom Mord in Serbien an dem österreichischen Thronfolger und einmal vom Kriegsbeginn gegen Frankreich? Wir wußten ja nicht, was das Wort „Krieg“ zu bedeuten hatte. Für uns Zwillinge sollte aber ein höchst eigenartiges kriegerisch-nächtliches Präludium vorausgehen. Wir schliefen nicht mehr mit den Schwestern zusammen neben dem Elternschlafzimmer, sondern zum öffentlichen Weg nach vorne 'raus in einer Schlafkammer unter den Kastanien. Gewiß schliefen wir Zwillinge da im allgemeinen fest und ungestört, bis wir in jenen Tagen von einem ungeheuer lauten und entsetzlichen Kampfgeschrei zweier Männer aufgeschreckt wurden. War dies der Krieg und schon bei uns im Dorf? „Du Hund!“, hieß es da in voller heiserer Wut und „Ick slah di doot! – Ick steek di af, du Satan! Du Swienjack! Dien Bloot will ick sehn! – Dar, dar!“ Gewaltig große Knüppel mußten die aufs Äußerste Verfeindeten da bei sich haben, immer wieder kriegten wir in aller Dunkelheit den krachenden Aufschlag der Knüppel auf Kopf und Schultern zu hören. Ein Haß sondergleichen tobte sich aus, ein Haß, den wir so niemals wahrgenommen, der uns zittern ließ und sich wie ein Kriegsgeschehen ausnahm. Bis wir anderntags erfuhren, daß es um nichts anderes als um Reinken Anna gegangen war, um den Besitz von Reinken Anna, um die Magd unseres bürgermeisterlichen Nachbarn also. Wie hart und unerbittlich es gewesen war, sahen wir noch an den zersplitterten und mit Blut verschmierten Knüppelresten. Sah so etwa auch ein Krieg aus?

Wir wußten es nicht, wir erfuhren nur, daß sich die Welt von Tag zu Tag veränderte, zum Teil auch zum Besseren hin. Im Alten Gymnasium z. B. hatten wir zwar noch die Ehre, unseren „geliebten" Dr. Bargmann und auch den Kriegspropheten Dr. Leutze in Reserveoffiziersuniform bewundern zu können, jedoch zum erwünschten Abschied sozusagen, denn fortan hatten wir es nur mit Lehrkräften älteren Semesters zu tun. Zu diesen gehörte auch der immer mit Gehrock in grauer Farbe gekleidete Professor für Griechisch, Hebräisch und Geschichte, Dr. Dietze, an den ich aber nur mit dem Gefühl der Hochachtung zurückdenken kann. Ein vornehmer Charakter! Das zeigte sich auch, als ich ihn einmal bat, eine negative Mitteilung über mich an meinen Vater einen Tag später und nicht grade zu meinem Geburtstag abzuschicken, wofür er Verständnis zeigte. Nur einmal sah ich ihn im höchsten Zorn. Das war, als der Klassenkamerad Büttner den Versuch unternommen hatte, den fast siebzigjährigen „kriegsfreiwilligen" Mathematikprofessor Henze (?) auf die Schippe zu nehmen. Wir waren in diesem Fall sogar auf der Seite unseres in Zorn geratenen Lehrers. Aber auch an die im Gymnasium darüber hinaus noch verbliebene Mathematikkraft Dr. Schierloh denke ich gern und sogar mit dem gleichen Gefühl der Hochachtung zurück, strahlte er doch, wenngleich gehbehindert, immer Positives aus!

Fahrschüler zu sein, war im übrigen jetzt fast ein Vergnügen, sahen doch alle Militärzüge, die gen Westen fuhren, beinahe so aus, als ginge es in ein Karnevalsabenteuer. Jeder Wagen zeigte sich mit Flaggen geschmückt, dazu bunt bemalt mit Siegesparolen. Und alles schien im Überfluß dazusein! Die armen Franzosen konnten einem fast leid tun. Völlig verändert war auch der große Güterzugrangierbahnhof Kirchweyhe, den man jetzt fast einen Abschiedsbahnhof hätte nennen können. Unzählige neue Baracken standen auf einmal da, und selbstverständlich, daß die umliegenden Dörfer es als ihre Pflicht ansahen, diese Baracken mit Liebesgaben zu versehen. Was Wunder, daß wir Schüler in unserem Wissensdurst und in unserer Neugier gar zu gern dieses Barackenrevier mit durchstreiften, ja, daß wir uns die Taschen voll Obst steckten und auch voll von dem getrocketen Obst unserer Mutter, um das heimlich Ergatterte als Liebesgabe weitergeben zu können.

Was den alten „Block“, jetzt „Bahnhof“ Barrien, betraf, so konnte man fast traurig sein, kein Talent zum Zeichnen zu besitzen. Hatte sich denn dieser Bahnhof (immerhin an der Hauptstrecke Bremen–Osnabrück/Hamburg–Münster gelegen), nicht zu einem Anziehungspunkt sondergleichen entwickelt? Niemals hatte man dort früher so viele verschiedenartige Menschen gesehen, Landleute, Männer und Frauen mit Kiepen und Körben, und dazwischen immer wieder Soldaten, Soldaten. Waren diese zur Überwachung der

Bahnhof Barrien – als die Station noch Block Barrien hieß (ca. 1910)

Eisenbahnstrecke abkommandiert? Ich entsinne mich eines Streitgesprächs an den Schranken zwischen meinem Vater und einem Feldwebel über die Kraft Gottes, auch im Gefecht. Während mein Vater die Ansicht vertrat, Gott könne eine abgefeuerte Gewehrkugel ablenken oder ihr eine andere Richtung verleihen, Gottes Allmacht sei eben überall, mußte er sich von dem diensthabenden Soldaten mehr oder weniger auslachen lassen. Für ihn, unseren Vater, war es angenehmer zu hören, was einer unserer Kleinbauern da lauthals zum Besten gab: „Wi hebt nix to klagen; hebbt 'n goden Pastoren, 'n goden Zopperndenten, 'n goden Landraat un 'n goden Kaiser!" Wie gern hätte ich etliche Szenen da im Bild festgehalten, z. B. polnische Arbeiterfrauen aus Hemelingen, die bei uns im Wald Pilze gesammelt hatten, welche wir nicht kannten oder für giftig hielten, aber auch Frauen aus unseren Dörfern, die mit Butter und Eiern zur Stadt wollten, zum „Austreten“ aber keine Zeit und auch keine Gelegenheit mehr hatten, sich zwischen allen Leuten einfach mit ihren langen Röcken zur Erde niederhockten und sich mit Röckeschütteln wieder erhoben, eine unübersehbare Pfütze hinterlassend. Während wir Schüler davon kaum noch Notiz zu nehmen pflegten, stießen sich die Soldaten ob dieses Gaudiums vergnügt gegenseitig an.

War der Bahnhof mit seinen Zügen, zumal alsbald mit den ersten Gefangenenzügen aus dem Westen, bei uns zum Mittelpunkt der Welt geworden? Für einen gewiß nicht. Das war unser Vater. Noch niemals war die Kirche zum sonntäglichen Gottesdienst so überfüllt gewesen, noch niemals hatten sich so viele Abendmahlsgäste, zumal jüngeren Alters, eingefunden wie jetzt. Der Kirchenplatz draußen war voll von Menschen. Es kam sogar so, daß der Bälgentreter seinen gewohnten Platz hinter der Orgel verlassen hatte, um an Gottesdienst und Abendmahl teilzunehmen. Otfried und ich mußten ihn mit dem Gewicht unserer Zweisamkeit vertreten. Waren diese Gottesdienste Zeichen der Siegeszuversicht? Noch zwar blieb die weiße Wand in der Kirche links vom Altar unberührt von Trauerkränzen mit Namensschleifen. Sie sollte sich schließlich aber so sehr mit Eichengrün überzogen zeigen, daß in der Kirche dieser herbe Geruch dominierend hängen blieb. Im Laufe weniger Jahre wurde diese Wand, unserem Kirchensitz gegenüber, voller und voller, ja fast überfüllt.

Es braucht trotzdem nicht erklärt zu werden, daß

wir, die wir halbe Kinder waren, währenddessen unser eigenes Leben behielten. Doch wird es überraschen, wenn ich schreibe, daß wir in der Konfirmationszeit, abgesehen vom Sonntags- und Kindergottesdienst, fast nichts mit dem Barrier Pastoren, unserm Vater, zu tun hatten. Natürlich würde er uns konfirmieren. Zum Predigerunterricht aber, wie man in Bremen zu sagen pflegte, waren wir vom Gymnasium, sozusagen mit meiner überaus gern gegebenen Zustimmung, wöchentlich zwei Stunden dispensiert, konnten also der Penne mit ihrem Griechisch und Latein jede Woche zwei Stunden den Buckel zudrehen, um im Gemeindehaus von „Unserer lieben Frauen“ in der Gartenstraße, d. h. bei Pastor Büttner, am Konfirmandenunterricht teilzunehmen.

Dieses Gemeindehaus lag unmittelbar hinter dem Gymnasium, fast könnte man sagen, zwischen dem evangelisch-lutherischen Pastorenhaus und der jüdischen Synagoge, im übrigen in engster Nachbarschaft zum altbremer, z. T. noch fast ländlichen Schnoorviertel hinter dem Altenwall mit den schattenhaft feuchten und düsteren Straßen wie Marterburg, Hinter der Balge, Wüstestätte usw. Die Schar der Konfirmanden setzte sich zu einem Teil aus Kindern dieser Straßen zusammen. Aber nicht nur die „Wüste Stätte“ mit ihrem rätselhaft engen Zugang hatte ihren Viehbestand, gab es doch seit Olims Zeiten neben Ziegen und Kühen hier ein Fuhrgeschäft, von „Hinter der Holzpforte“ her zu erreichen, mit Pferden und Pferdestall halbwegs unter dem Juxmajor. Daß es aber in diesem ältesten Viertel Bremens auch Rehwild aufzuscheuchen gab, war eine Entdeckerfreude für sich. Es war nämlich so, daß in dem schattenreichen, hoch ummauerten Pastorengarten ein Reh sein Leben hatte, das zur Freude von uns Jungens aus Barrien, urplötzlich aufspringend, manchmal in lautes Blöken verfiel und sich unter den Ahornbäumen herumjagen ließ, – ein Überbleibsel aus ländlichen Kleinkindertagen der Büttnerschen Pastorenfamilie. Was uns betraf, so hatten wir Einblicke in diese altbremische Hinterhausatmosphäre im Süden des Doms, weil wir als Pastorensöhne bei den Büttners, d. h. bei einem aus diesem Haus kommenden Klassenkameraden, zu Gast sein durften, – wie er auch bei uns.

Dieser hatte übrigens immer seinen Spaß daran, unser so schön rollendes niedersächsisches R gegenüber dem stadtbremischen Gaumen-R zu hören, und nicht nur bei biblischen Namen wie Abraham oder Maria, sondern auch bei plattdeutschen Wörtern wie „reinroggen Brot" oder dem Vers von „Roland, dem Riesen am Rathaus zu Bremen". Von dem Herrn Pastor Büttner, seinem Vater, unserm Lehrer im Predigerunterricht, habe ich das vornehme Bild eines ruhigen, großgewachsenen, gelehrt wirkenden Herrn in Erinnerung. Das ländlich Gemütliche, das unser Vater wohl ausstrahlen konnte, fehlte hier. Nur einmal, so weiß ich, geriet dieser immer in Blau erscheinende Herr aus der Gartenstraße so in lauten Zorn, daß er einen puterroten Kopf kriegte, weil einer der Jungs aus der Marterburg nicht aufhörte, das Neue Testament als Fliegenklatsche auf dem Kopf des vor ihm Sitzenden zu benutzen. Was sich mir von dieser Szene am meisten eingeprägt hat, war aber die Tatsache, daß der Herr Pastor sich gleich danach wegen seiner zornigen

Explosion entschuldigte. Bei diesem Herrn gab es im Gegensatz zu den Barrier Gepflogenheiten wenig auswendig zu lernen.

In diesen Zusammenhang gehört es indessen, daß im Hause Büttner an der Gartenstraße einmal sowas wie ein Klassentreffen gegeben wurde, und daß wir Jungens uns gegen Abend jenes Tages in dem unbeleuchteten, buckligen Geviert der alten Winkel – das Halbdüster mag uns besonders gelockt haben – mit dem Spiel „Räuber und Gendarm“ verloren hatten. Was konnte dazu auch mehr verlocken als die kleinbürgerliche, ja fast armselig anmutende und abends immer lichtlose Atmosphäre jener Häuserzeilen und Gänge wie Spiekerbartstraße, Hinter der Balge, Hinter der Holzpforte usw. Wir tobten uns da aus und nahmen keine Rücksicht auf zahme Haushunde und Katzen, die da z. B. im Schnoor neben alten Gemüsefrauen auf den Treppenstufen vor der Haustür in den Abend hinein träumten.

Natürlich kriegten wir mehr als einmal das freundliche Gezeter „Teef, dji Bengels, kranzheistert scheet dji weern!“ hinter uns hergeworfen. Wir brachten es aber im kriegerischen Verlauf des Spiels doch fertig, einer der Alten die nicht gerade leere Gemüsekarre wegzureißen und diese als undurchdringliche Sperre in die ebenso verwinkelte wie schmale Spiekerbartstraße zu stürzen, den fauligen, an vergammelten Kohl erinnernden Duft dieser winzigsten Altstraße Bremens damit verstärkend. Wir brachten es auch fertig, einen Handwagen mit dem Inhalt von ehemaligen Blumen als Barriere in den engen Zugang vom Schnoor zur Wüstenstätte auf den Kopf zu stellen, was alles uns nach dem Zuschnitt dieses Viertels und seiner Leute eben angemessen schien.

Einen fast dramatischen Unterton kriegte unser Spiel, als wir noch einmal im Schnoor einer Handkarre habhaft geworden waren, damit in Richtung Stavendamm rollten, uns da aber von einem Pferdefuhrwerk des Bäckers Hartke aufgehalten sahen, von schreienden und gestikulierenden Gemüsealten verfolgt fliehend in die Süsterstraße einbogen, um uns in Richtung Komturstraße wegzustehlen. Es war aber Freitag, was Wunder also, daß sich eine Anzahl feiertäglich gekleideter Juden nicht ohne Kopfbedeckung vor der Synagoge versammelt hatten, daß wir diese hier und da anstießen, zumal ein Rad unserer Karre an einem eisernen Fußabtreter hängen geblieben war und vor dem Eingang zum jüdischen Gotteshaus umstürzte. Wir konnten uns retten, wir brachten es fertig, auszukneifen, und zwar nach der schwarz gekleideten Synagogenbesucherseite hin, bei welcher wir wie die Wiesel zwischen den Beinen hindurchflutschten. Die größere Gefahr schien uns ja von der Gruppe der aufgebrachten Gemüsedamen her zu drohen. Die umgekippte Karre blieb vor der Synagogentür liegen, und zwar samt Inhalt. Wir waren schon auf der Treppe von der Marterburg zum Altenwall hinauf, als wir von der dunklen Gartenstraße her noch etwas von den Schimpfkanonaden und Hilferufen hörten wie: „Satansbeester dji!“ – „Vater Abraham hilf, – Chattes, Chattes!“ War es etwa so, daß sich die Gruppen um die Karre da in die Klatten kriegten? – Wir hatten noch lange darüber viel zu lachen.

Einer dieser unternehmungslustigen Mitspieler und

Klassenkameraden, der größte eigentlich von uns und schon fast wie ein junger Herr gekleidet, hieß Arndt, und es hatte sich ergeben, daß wir uns in einer Art Freundschaft näher gekommen waren. Jedenfalls begab es sich, daß ich ihm eines Tages von den Konfirmationssitten in Barrien erzählte. Dort war es ja so, daß man zu helfen hatte, den Weg vom Pfarrhaus zur Kirche für den Einzug der Konfirmanden mit Sand zu bestreuen und mit frischem Tannengrün einzufassen. Das Grün dazu holte man sich heimlich mit dem Handwagen von der Syker Forst, den Sand weniger heimlich von unserm Sonnenberg. (Oder hieß er an diesem Tag passender „Sünderberg“ – beides in platt ja „Sünnenbarg“!) Nun, dieser Arndt (leider ist er früh verstorben) nahm diese meine Schilderung wie erwartet durchaus lächelnd als etwas ländlich Unbekanntes zur Kenntnis. Das Weitere sollte allerdings Folgen haben.

Als ich ihm erzählte, daß die Barrier Konfirmanden sich üblicherweise draußen nach dem Gottesdienst auf dem Kirchhof allesamt gegenseitig mit Glückwunschkarten beschenkten, daß mir aber das Geld für die etlichen Dutzend solcher Karten von der Mutter nicht bewilligt worden sei (wir könnten ja man was Passendes auf einen Briefbogen schreiben), und Taschengeld kannten wir nicht, da zog er mich in ein Papiergeschäft vor einen Ständer mit den entsprechenden Karten und ließ sich fast belustigt dahin vernehmen, ich sollte mich bitte bedienen, denn hier sei genug. „Such dir aus, was du haben willst.“ Ich tat es, fragte auch noch mal, ob's nicht zu viele würden, doch nein, „Nimm, was dir fehlt!“ sagte er, und alles war gut.

Nur, was er auf der Straße vor der Ladentür dann noch von sich gab, war nicht gut, war so, daß ich's in den verkehrten Hals kriegte. Er sagte in aller Ruhe, ihm wär's ein Vergnügen mir zu helfen, denn wir wären doch man power dran. Am liebsten kaufte er mir gleich eine neue Hose, denn so, wie ich herumliefe, gehöre ja schon fast Mut dazu, mit mir durch die Stadt zu gehen. So sprach er, und schon hatte er von mir den ersten Faustschlag auf die Nase und sofort danach den zweiten auf sein linkes Auge, das für meine rechte Faust recht passend zu erlangen war. Natürlich kriegte er das nun wieder in den verkehrten Hals, er schlug zurück und – mit „blauen“ Augen kam ich nach Haus, und das eben vor der Karwoche, kaum eine Woche vor der Konfirmation. Unsere Mutter war entsetzt. – –

Der Tag der Konfirmation zeigte sich düster, und war das nicht meinen inneren Empfindungen entsprechend? Gewiß war der Weg zur Kirche hin, das Stück von der großen Tür des Pastorenhauses bis hin zur Seitentür, nach dem Turm zu, mit dem Sand bestreut und mit Tannengrün eingefaßt worden, und ganz wie üblich führte der Herr Pastor im Talar, unser Vater, die große Schar der Konfirmanden an. Noch sang die Gemeinde nicht, als wir in die Kirche kamen, doch ertönte bereits das Vorspiel zu „Komm, heilger Geist, kehr bei uns ein“, welchen Choral sich mein Bruder Otfried hatte ausbitten dürfen. (Ich selbst kriegte meinen, wegen der herrlichen Melodie wohl geäußerten Wunsch nach „Erhalt uns, Herr, bei deinem Wort“ erst am Schluß der Konfirmationsfeier erfüllt.)

Nicht lange und wir saßen inmitten der großen

Konfirmandenschar auf unseren Chorplätzen, wie sie genannt wurden, das heißt vor dem Altar, doch blieb es nicht aus, daß ich mich alsbald vom Eigentlichen abgelenkt fühlte, was doch nicht sein durfte, weder in dieser Stunde noch auf diesem Platz vor dem Tisch des Herrn. War es der Konfirmationsanzug mit Taschenuhr in der Westentasche und ähnlichem, der mich störte? War es der so sehr veränderte Anblick aller Mitkonfirmanden? Merkwürdigerweise machte auch die singende Gemeinde auf einmal größeren Eindruck auf mich, irgend etwas aber zwang mich zugleich, mich mehr mit dem Altarbild und dem Triumphator hoch oben zu beschäftigen als mit dem Choral. Zudem spürte ich aller Augen stärker denn je auf mich gerichtet, nicht zuletzt den Blick unserer Mutter, was alles in allem doch jenen Gedankenvögeln gleichkam, die zwar über einen wegzufliegen imstande seien, aber, wie Luther sagt, einem ihr Nest nicht auf den Kopf bauen dürften. Mußte ich mich, schon wegen der Beichte und meiner Sündenbekenntnisse, nicht ganz anders konzentrieren? Durfte ich mich dieser singenden Gemeinde überhaupt noch zugehörig fühlen, war ich nicht außerhalb mit meinen Gedanken?

Als unser Vater vor den Altar trat und mit dem Blick auf die Majestät am Kreuz unter Orgelbegleitung das „Herre Gott“ und das „Christe“ und wieder das „Herre Gott“ sang, und als die Gemeinde, meine Gemeinde eigentlich, dreimal im Mitsingen und Mitbeten auch für mich mit sang: „Herr, erbarme dich!“, da traf es mich wie ein Erschrecken. War es nicht auch so, als wäre die Stimme unseres Vaters verändert gegen sonst, war sie nicht irgendwie ins Richterliche entrückt, allein schon mit der Bibelsprache in ein feierlich drohendes und erhabenes „Von Drüben her“ gehoben? Hatte diese, ach so bekannte, Stimme denn jemals etwas von einer andersartigen Gewalt an sich gehabt? Einen Augenblick war es mir so, als spräche nicht mein Vater, sondern als drängten sich die biblisch-kirchlichen Worte und Sätze in ganz anderer Betonung, wie in einer alttestamentlichen Gerichtsszene, aus ihm heraus. Allein durfte ich solche Überlegungen hier und in diesen Minuten anstellen, durfte ich solches empfinden? Gewiß überhörte ich nicht die gesungenen Segensworte „Der Herr sei mit euch!“, doch dann? War denn die darauf folgende Predigt nicht zugleich eine Beichtpredigt, eine Aufforderung zum Sündenbekenntnis, nicht zuletzt aber ein Dank an den Erlöser, an den Einen, von dem jetzt laut im Gemeindechor gesungen wurde:

„Ein Lämmlein geht und trägt die Schuld der Welt und ihrer Kinder,
es geht und büßet in Geduld die Sünde aller Sünder;
es geht dahin, wird matt und krank,
ergibt sich auf die Würgebank.“?

Ach Gott, unvermeidbar ging es weiter, wie in Hamelwörden schon mit Zittern gesungen, da nach dem Schuldigen gefragt wurde, mit den niederschmetternden Zeilen:

„Ich bin’s, ich sollte büßen an Händen und an Füßen gebunden
in der Höll, die Geißeln und die Banden und was du ausgestanden,
das hat verdienet meine Seel.“

Weiß Gott, da hing der Gekreuzigte über uns, und hier

schlug die Stunde, da meine unbeschönigte Sündhaftigkeit im Bekennen vor sein Auge gerissen wurde. Hatte ich denn nicht unzähliges zu offenbaren?

Was die Barrier sich von mir, von „Pastors Heinz“ gelegentlich erzählten, daß ich beim Kindergottesdienst unter der Kanzel Karten gespielt, daß ich lachend dagesessen und mit dem Taschenmesser meine Anfangsbuchstaben in die Bank vor mir geschnitzt hätte, das stimmte zwar alles nicht, durchaus nicht, aber dem Mitkonfirmanden in Bremen hatte ich doch die Augen blaugeschlagen, der jüdischen Gemeinde die Gemüsekarre vor die Synagogentür gestürzt, vom Kollektengeld zu Haus einmal sogar ein Fünfzigpfennigstück, das unter den Tisch gerollt war, heimlich aufgekriegt und in meiner Tasche verschwinden lassen, und in Hamelwörden schon hatten wir ein eisernes Gewichtstück von der Kirchturmuhr, das da im Turm an der Erde lag, an uns genommen und in der Schmiede für fünf Pfennig verkauft. Und war das etwa alles? Da saß der Gemeindevorsteher, über dessen Gesang ich mich glaubte lustig machen zu können. Da saßen Mitschüler, denen ich nur zu gern schlüpfrige Witze erzählte. Und so weiter! Unsern prachtvollen weißen Kater hatte ich doch so weit gebracht, daß er zum Hühnermörder wurde, im Wald dazu immer wieder Feuer gelegt und hinterher gelogen und gelogen, wie auch dann, wenn den Schwestern Bonbons weggekommen waren, dazu, wenn ich Migräne vorgetäuscht hatte, um mich vor gewissen Stunden im Gymnasium zu drücken. Und da hing der Gekreuzigte und ließ, wie mir schien, die Augen nicht von uns und nicht von mir.

Aber siehe da, es gab eine Erlösung, eine Befreiung von all solcher wolkenverdüsternden Last. Schon hieß es ja aus dem Munde unseres Vaters, „als dem verordneten Diener unserer allerchristlichen Kirche“: „Ihr seid bereit und bereitet, heute vor Gott und dieser christlichen Gemeinde nicht nur zu bekennen, sondern auch zu geloben“, und hieß es bald darauf aus ganz anderer Stimme ertönend nicht: „Der allmächtige Gott hat sich euer erbarmet und vergibt euch alle eure Sünden!“?

Ich hörte es, ich vernahm es sozusagen von weit her wie aus einem Gefilde der Seligen! Doch war das nicht ein Grund zum Jubeln, war das nicht ein Grund, fröhlich und eigentlich wieder weltlich laut zu sein, wie bei einem Ostertag nach Karfreitag, wie beim Osterfeuer weitab von Pastorat und Kirche? So dachte ich, und wahrhaftig durfte ich feststellen, daß in mir wieder Freude war!

Ja, ich freute mich, als die Orgel, Herrn Tepes Orgel, zum Schluß den herrlichen altlutherschen Choral „Erhalt uns, Herr, bei deinem Wort“ intonierte (wenn ich, zugegebenermaßen, davon eigentlich auch nur die Melodie liebte und mich dessen nicht schämte). Ich freute mich auch, als ich bald danach meine Glückwunschkarten auf dem Kirchhof an die Mitkonfirmanden aus Barrien und an die der Außendörfer verteilen konnte, ohne dabei Schuldgefühle zu empfinden. Hatte die Welt, hatte das Weltliche mich wieder?

Siehe da, unsere Mutter zog uns zu Haus geradezu heiter mit allen Verwandten und Gästen, die da gekommen waren, an den Gabentisch in der „besten Stube“. Sie sagte mit fröhlicher Stimme: „Nun sollt ihr sehen, was an Blumen und Geschenken gekommen ist, was euch die Nachbarschaft und alle Welt zugedacht hat!“ Nichts als Freude ringsum, trotz Kriegszeit und Kriegsnot! Mein Gott, da lagen neue handgestrickte Wollsocken, da war mit vom Vater handgeschriebener Widmung je ein schönes Gesangbuch für uns, da war aus der Hand von Bruder Kurt „Des Knaben Wunderhorn“, und Onkel Hermann hatte sogar aus einer alten silbernen Muffkette für uns zwei Uhrketten arbeiten lassen. Wir waren, zumal in unseren dunkelblauen Konfirmationsanzügen und den ersten Hemden mit Schlips und Kragen, sehr glücklich. Auch an der großen festlichen Mittagstafel in der Eßstube mit Großmutter und allen Verwandten aus Bremen und Bremerhaven gab es nichts zu mäkeln, wenn auch das Steckrübenjahr bereits drohend bevorstand. Noch hatten wir ja von den geschlachteten Schweinen Keller und Rauchfang gefüllt. Und die Kaffeetafel in der Wohnstube, eine Tafel für mindestens zwanzig Personen, zeigte sich nicht nur im vollen Schmuck der üblichen Butterkuchenhaufen, sondern hatte auch, sparsamer und unauffälliger verteilt, hier und da eine Platte mit der leckeren, familieneigenen „Himmelstorte“, die sich auf der Oberseite immer mit sorgsam gebrannten Mandeln überkrümelt zeigte, – ein Traditionsstück der mütterlichen Familie Bockhoop/Ostertun aus dem Lande Wursten und der Stadt Jever.

Niemand wunderte sich, daß wir Zwillinge nach dem Kaffeetrinken ziemlich schnell verschwunden waren. Wir wußten, daß sich die heute Konfirmierten auf der breiten Dorfstraße zwischen der Gastwirtschaft Kayhausen und dem Friedhof zum Ballspielen versammelten, und zwar Jungs und Deerns. Doch mußte ich es erleben, daß ich dort mit den Worten „Ssüh dor, use Slachter kümmt ok!“ empfangen wurde. Ach Gott, es hatte sich im Dorf herumgesprochen, daß ich im Januar, an unseres Vaters Geburtstag, bei großem Frost zu unserem Dreizentnerschwein in den Stall gesprungen war, weil unser Mädchen, unsere Sophie, in höchster Aufregung zum Abendbrot in die Tür gerufen hatte: „Herr Pastoor, us Swien is doot!“ Vom Nachbarn hatte ich mir, außer Atem, ein spitzes Messer geliehen, mich sodann über die Sau hergemacht, wie beobachtet erstmal die borstigen Haare an der Kehle wegzuschaben versucht, um dann zuzustechen, denn die alte Nachbarin hatte auch nur zu sagen gewußt „Steek et af, steek et gau noch af!“ – als sich aber das Tier schon erhob und grunzend an seinen Freßtrog ging.

Da mir der Spitzname „Slachter“ noch über Gebühr anzuhängen schien, war ich natürlich im Begriff, mich zu wehren und dem Hauptschreihals ein paar passende Antworten zukommen zu lassen. Ich spürte bereits eine Welle von Schimpfwörtern in mir hochkommen. Doch steckte mir von den kirchlichen Eindrücken noch etliches in den Knochen. Ich konnte sie nicht beiseite schieben, ich dachte, es darf nicht sein, daß dein Mund heute zum Schelten und Schimpfen da ist, und schwieg also. In der Tat nahm uns das Ballspiel dann bald ganz und gar auf, mit Feuer war ich wie immer dabei, hütete mich aber, so laut zu schreien und zu lachen wie sonst. Das ging an diesem Tage doch auch nicht an! Immer wieder aber mußte ich feststellen, daß die anderen alle ganz die alten geblieben waren, daß es auf der Straße schon wieder ziemlich gewöhnlich und manchmal sogar unchristlich zuging, wobei ich mich dann selbst wieder und wieder großen Versuchungen und Gefahren ausgesetzt sah. Ach Gott, ich mußte es früh erfahren, daß die Welt stärker war als die Kirche, daß sie die größere Anziehungskraft hatte! Ein Glück, daß wir zu Haus darüber nicht zu berichten hatten! War es ein Trost, wenn ich die kürzlich gelernten Gesangbuchverse bei diesem Ballspiel öfters vor mich hinsagte:

„Wie schwer doch lässet Fleisch und Blut
sich zwingen zu dem ew'gen Gut!"

Nachgesang
Drei ehemalige Pfarrhäuser in Nord-Niedersachsen.
(Meiner Mutter zum 75.)

1895: *Uthlede*

Das Dorf geschmückt, als käm' der König an,
von allen Höfen grüßen Frau und Mann,
Schulkinder stehen lange schon bereit,
im Pfarrhaus zeigt die Dielentür sich offen,
und in den Herzen spricht's in Biederkeit:
daß sie hier gerne sind, das wolln wir hoffen!
Und wie am Hause groß „Willkommen!“ stand,
so legt sich freundlich Hand in Hand,
und von dem Wagen stieg das junge Paar,
trat ein ins Haus, das wohl bereitet war. –

„Uthlede“, nicht „Aus Leid“ seist du genannt,
hier lehnt sich Geest an Marschenland,
ein Glücksort ist's, der Mann und Frau verband
aus Geest und Marsch zu gutem Ehestand. –
Wir Kinder wissen's, wie ihr's da geliebt,
nichts, was Erinnrung euch an damals trübt,
und wie verklärt ist uns das Dorf, das Land,
in das der Herrgott euch zuerst gesandt. –

– Es wuchs das Haus, die Kinder traten an,
die großen Schüler kamen Mann für Mann,
denn die Gemeinde, sie genügte nicht
dem großen Mann, er suchte größre Pflicht,
und Arbeit schlug die Frau auch in den Bann.
Doch nachbarlich kam Mutter Offermann,
und Wolters, Reiners kamen zu euch her,
ob wohl zu raten, ob zu helfen wär'.
In Arbeit mancher Abend selbst verrann.
Und über seiner Predigt saß der Mann.

So lebtet ihr und wart im Herzen froh,
und kam Besuch, so sah er's vielleicht so:

> Der Pfarrhof rechts, die Kirche links.
> Garten und Kirchhof blütenübersät,
> Und Kinderspiel geht über Grab und Beet
> Ist heiter wie die Falterflüge rings.
>
> Am Dorfe Vieh und um die Weiden Hecken
> Aus Schlehen, Buchen und aus Dorn.
> Ein Weg verliert sich tief ins hohe Korn,
> Fast kann der Bauer sich darin verstecken.
>
> Vom Kirchturm schlägt es, Mittagszeit!
> Fromm klingt es über Dächer hin und Bäume,
> klingt an die hohen Himmelsräume,
> Verklingt in Marschenferne weit.

– Die Zeit verging, doch glücklich blieb das Los,
von sieben Kindern eins auf Mutters Schoß,
Großmutter kam, Urahne blieb 'ne Zeit,
blickt auf die Kleinen wie aus Ewigkeit.
So geht die Zeit, und Trennung ist bereit,

schon wird aus Nachbarsfreude Nachbarsleid.
Noch einmal geht der Blick vom Rand der Geest,
bis sich vertraute Hand aus der vertrauten löst.
Schon rollt der Wagen und enteilt dem Land. –
Im Kirchenschatten bleibt ein Grab als Pfand.

1905: *Hamelwörden*

Wir sehn den Garten, groß das Marschenhaus,
darin wir Kinder liefen ein und aus,
den Rasen sehn wir auch, Gebüsch und Wege,
das Obst, die Bäume unter Vaters Pflege;
die Mutter wissen wir im großen Haus.
Und Vater, mit der Pfeife, kommt heraus,
er geht und prüft und läßt bestellen:
Für Mutter sind die ersten Mirabellen! –

In eine andre Welt bracht euch die Pflicht,
doch war'n der Mutter Lasten andre nicht,
nahm ihre Arbeit nicht sogar noch zu?
Neun Kinder brauchten Zeug und brauchten Schuh,
neun Kinder riefen „Mutter!“ immer wieder.
Sank nicht der müde Arm oft nieder?
Wir lebten unbekümmert unsre Zeit,
erst spät erkannten wir's, in Dankbarkeit. –

Der Boden schwerer, Menschen herber, kühl,
schwerer das Platt, verschlossen das Gefühl,
auch die Gemeindearbeit schwerer hier,
nicht gar so leicht tut Herz sich auf und Tür;
die Arbeit hier, sie braucht den ganzen Mann,
und er – er fühlt sich so, faßt sie so an. –

Doch war alsdann nicht schwerer auch die Zeit,
klopft nicht gar Sorge an und Leid?
Wir sehn den Sommer dort, ein heller Tag,
die alten Störche klappern auf dem Dach,
und unterm Himmel ziehen ihre Kreise
die jungen Störche für die große Reise.
Und Abend wird's, die Kinder sind im Bette,
Hufschlag ertönt, die lange Pferdekette
zieht trabend zu den Wöhrden hinterm Haus,
und hinterm Deich gehn Schiffe ein und aus.
Und Abendfrieden zieht die Marsch entlang.
Doch liegt der Mann in seinem Bette krank,
und weht der Wind nicht fröstelnd schon und kühl,
ist's nicht ein Schatten, der ins Fenster fiel?
Trat nicht der Knochenmann zu ihm herein,
läßt er neun Kinder und die Frau allein?
Wunder geschah, der Tod verschmäht die Beute
und läßt vom Mann – nun Kirchenglocke läute! –

– So klopft die Sorge an und geht auch wieder,
und hell im Haus erklingen alte Lieder,
und offen steht das Haus für alle Gäste,
doch wer auch kommt, Großmutter ist die beste. –
Es lief auch hier die Zeit, viel wär' zu sagen:
Seht her vom Deich die vollen Erntewagen,
seht von Gewittern schwer den Tag in Sommershitze,
seht bei durchwachter Nacht das Haus im Strahl der
Blitze.
So lief auch hier die Zeit, Abschied ist wieder hart,
Abschied, der um uns Kinder nur erduldet ward;
viel ließt im Herzen dort und mehr noch ihr zurück,
denn auf ein Kindergrab fällt noch ein letzter Blick.

1913: *Barrien*

Das hohe Strohdachhaus unter Kastanienbäumen
mit dem vertrauten Flur und den vertrauten Räumen!
Wir sagten „unser Haus“ und füllten es mit Leben,
doch, Mutter, du allein hast's uns gegeben.
Denkt nur an Weihnachten, denkt an Geburtstags-
feste,
an manchen Ehrentag im Kreise lieber Gäste,
doch denkt den Alltag auch, Mittag- und Abendessen,
Krieg nicht und Kriegesnot, Kriegsarbeit zu vergessen.

So rufen wir uns jene Zeit zurück.
Wir sehn sie überstrahlt von einem sanften Glück;
der Mann hat seine Arbeit alle Tage,
die Frau hat ihre Mühe, ihre Plage,
die Kinder wachsen, Wesen prägt sich aus,
doch bleibt's ein dörfliches Pastorenhaus.

Die Glocken läuten, Orgel hör'n wir schallen,
hör'n Vaters Stimme durch die Kirche hallen,
und nach der Kirchzeit klopft so mancher Mann
treuherzig noch an unsre Türe an.

So rinnt auch hier die Zeit. Wir Kinder gehn davon,
und graues Haar zeigt sich im dunklen schon.
Großmutter zog zu uns ins alte Haus,
Großmutter trug man eines Tags hinaus,
und Friede ist um ihre Stätte her.
Noch blieb ein Platz an ihrer Seite leer.
Doch Leben blieb im Haus, im Dorf, im Wald.
Noch sehn wir Vaters würdige Gestalt,

wir hör'n ihn milder als in frühern Tagen
sein Wort und seine Meinung sagen –
bis er dann lag verstummt, mit stillen Händen. – –
Die Zeit in Barrien mußt eben enden,
als „Pastors Vadder" schloß die Augen zu,
und „Pastors Mudder" kam auch dort zur Ruh.

Kritische Nachbemerkung

Das Haus in *Barrien* wurde bald zur Hälfte abgerissen, um einen Parkplatz zu gewinnen. Das Haus in *Hamelwörden* ließ das Landeskirchenamt trotz gesunder Bestandteile abreißen, und setzte ein wenig charaktervolles an seine Stelle. Schon vor 1900 wurden Kirche und Pfarrhaus in *Uthlede* auf Wunsch eines vermögenden Amerikaners abgerissen. Nur ein paar handgeschnitzte biblische Altarszenen aus der Zeit um 1500 sind erhalten geblieben.

Geschnitzte Szene aus dem vor 1900 abgebrochenen Altar (vor 1500) in Uthlede

Pastor Heinrich Adolf Schmidt im Bild mit seinen in Barrien ü